混合运算数独

龚善涯　著

ZHEJIANG UNIVERSITY PRESS
浙江大学出版社
·杭州·

图书在版编目（CIP）数据

混合运算数独/龚善涯著．—杭州：浙江大学出
版社，2023.4
ISBN 978-7-308-21938-9

Ⅰ.①混… Ⅱ.①龚… Ⅲ.①智力游戏 Ⅳ.
①G898.2

中国国家版本馆CIP数据核字（2023）第050072号

混合运算数独

龚善涯　著

策划编辑	王同裕
责任编辑	陈宗霖
责任校对	胡岑晔
封面设计	周　灵
出版发行	浙江大学出版社
	（杭州市天目山路148号　邮政编码310007）
	（网址: http://www.zjupress.com）
排　　版	杭州星云光电图文制作有限公司
印　　刷	杭州杭新印务有限公司
开　　本	710mm×1000mm　1/16
印　　张	12.25
字　　数	247千
版 印 次	2023年4月第1版　2023年4月第1次印刷
书　　号	ISBN 978-7-308-21938-9
定　　价	50.00元

前　言

数独作为一种益智类数字游戏，由于操作简单、趣味性强，而受到全世界不同年龄、各层次人们的喜爱。

目前数独爱好者能接触到的运算数独，基本上是单纯的加减法或简单的乘除法题目。

基于目前运算数独的现状，本人设计了一种四则混合运算数独。

混合运算数独看似简单，其实需要非常缜密的思维及过硬的运算能力。一着不慎就会满盘皆输。相信本书能够给读者带来成功的喜悦，以及对数字运算的敬畏与赞叹。

在阅读过程中如果有疑问的话，可以通过作者邮箱gongshanya@qq.com互相交流。

规则及说明

相信拿起本书的读者,肯定掌握了标准数独的基本解题技巧,本书中题目是在标准数独的基础上,在九宫格内设置若干个俄罗斯方块,要求在这些俄罗斯方块中的4个数字,经过加减乘除四则混合运算后,不能得到所指定的质数,本书从前到后设置了7,11,13,17,19,23,29,31,八个质数。每个质数设计了32个题目。

题目中运算的解法举例如下图所示:

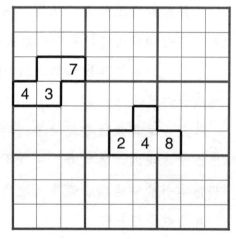

我们以质数13为例,图中左侧的俄罗斯方块有数字7,4,3,求空格中的数字。

计算:(7,4,3,1):7+4+3-1=13,

(7,4,3,2):(4-2)×3+7=13,

(7,4,3,4):7×3-4-4=13,

(7,4,3,5):7+5+4-3=13,

(7,4,3,6):7+4+6÷3=13,

(7,4,3,8):7+(8÷4)×3=13。

除了7,4,3,9之外的全部组合运算均不能得到13,所以空格中的数为9。

图中右侧的俄罗斯方块有数字8,4,2。

计算:(8,4,2,1):8+4+2−1=13,

        (8,4,2,3):8+(4−2)+3=13,

        (8,4,2,5):8÷2+4+5=13,

        (8,4,2,6):(8×4−6)÷2=13,

        (8,4,2,7):(8+4)÷2+7=13,

        (8,4,2,9):8÷4+2+9=13。

除了8,4,2,8之外的全部组合运算均不能得到13,所以空格中的数为8。

本书题目运算量较大,运算时容易出错,希望读者在解题时能做到全方位思考,不留死角,以避免百密一疏、功亏一篑的结局。本书中题目所设置的俄罗斯方块,因不同读者解题时所选择的路径不同,可能存在题目中俄罗斯方块没有全部被用到的情况。

目　录

质数

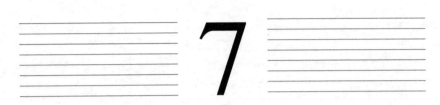

7

在本章题目中，俄罗斯方块中的数字通过混合运算不能得到质数7。

1.

		5			6	2		9
2	3	4		9				6
					5			
		3			9		1	
	6							8
	4			7				
3					2			
				1	8			2
	5					6		3

2.

		3		6				
6								1
	1				9	5		
						4	8	
2	5			7			9	
		1		8		7		
		6			7			
				9				3
9	2		5		1			8

3.

	1				2	8	9	
5			9					1
	3						4	
				9			3	
9		3				6		8
	4							
		7		8	5	3		
			2					
	2	6	3			1	7	

4.

					1			2
7					8			
	6	5						
			3			5		
		8			5	7		
2					9		8	
1		4						
			9				1	
				6				3

5.

			1	7		4		
	1				9			
		5		8				6
		6						
5	8				7	1	3	
3						2		
	9							
			3	6				
		8		4			2	

6.

		7						4
	9		7				8	
	2			5	6		9	
						1		
7					4		3	2
	4	1					6	
			8					1
3				4				
9			6			8		

7.

				6	3	4		1
	7					9		8
	4	5	8					
5					2			4
								5
		7	9				2	
						2		
	6	2					3	
9					4	1		

8.

			5					8
1	7				3	5		
			6					9
	4			7				
		8			9	2		
			8					4
								2
		2			5	8		
3				1			7	

9.

	2			1			5	
			3				9	
6			7					
			6	3				
							3	
	5						6	
		8			2	7	4	
			8					
	9	1		5				

10.

						4		
		6	1		9			
		2		5			8	
	8					1		
	7	4				8		
6				3				9
	4	1						
		8	3	9				2
				1				5

11.

4	3							
		6	7			5		
		2						6
					6		7	
1			2		9	8		
		3		5			9	
		9					3	
5	4			2				8
		1	5				2	

12.

	2						8	
			9				5	
		6	3			2		1
1					7	4		
								5
						8		
				6	2		7	
					8			
4	3				5	1		

13.

			4					9
	8			7		5		
5		6					3	
	5		9		3			
		1		8			4	
	2			4				
			3					
6				5		8	2	
2		8						

14.

	3	4						
		2	1					6
			7		5			
			6				7	
	1				9	8		
		3	5				9	
	7	9						
5				2				
					5		2	

15.

			6			1	9
	7			5			6	
		4		3				
2	4		8					9
		8	3			5		6
					1			
7				8		2		
		2	9					4
	6							

16.

		5	1		8	2		7
2					3		4	
		6						
	6		8	7				1
9							7	
	3							
	1			4		3		
	5		1			9		
		7						

17.

					3	2		
	2			4				1
	1						7	
					6			
8							9	3
		5				8		
			2		1		6	
					7			
3		8						4

18.

		5		7		2		3
	9							
3					1	9		
	2	1			8			4
				2		1		8
	5			4				
						5		
			9			7		
4				3			6	

19.

	3			7				5
		9	6					
8				9				3
6				2				
	4				5	6		7
		9					2	
4		1		3				8
3			4			9	1	
					8			

20.

6		4						7
	2		6					
				5				2
			8	4		9	1	5
	3				5			
	8			9				
5		8	2			1		
3	7				8	2		
								6

21.

	8	1	4					6
			6					1
9					3	7		
		9		3				
			5					
		6	1	2				
8			7			1		
							8	
4					6		9	2

22.

						2		
1		3	8					6
			9		5		1	7
			6			3		8
4	1	5						
2							7	
	4	8						
			5			7		

23.

2			9		4			1
				7		9		
7	4				8			
9				1				8
			7	9			5	3
5	6					1		
						9		
	2	5				6		
		3	8		2			5

24.

		2	4		6	8		
				3			4	
	1	6			9			3
	3				8		7	
			5	9				
8							5	9
	5				4		1	
			1			5		
		3	9	7				

25.

	6	3		5		1		
				8				7
					2			
7		9			6			
			8			4	6	
		5		2			1	
5					9			6
9	7		3					
			1					

26.

1		8	9			3	7	
						9		
	2					5		
	4		8	1				
				6	5		4	
5	6				9		1	
				4				
2		7						
4	1							2

27.

	1					7	4	
	7					9		2
		8	2				9	
6		5		7			1	
			6		3			7
3	4							
						1	5	
		1		5				
2					4			

28.

	2	8		4				
			7					1
	4			8				3
	9					8		
1				2				
		7		1			5	
	3						9	
		2		6				4
6								8

29.

	3	2	4					
9			2			7		
	1						5	8
	4							
2	6			7				5
5			9					
	2		5		9	3	1	
			8		6			
		6				4		

30.

		1	7					2
	2		6					
9			4	1		5		
		5						
				5			2	
8		4						3
7					4			
	9		2			1	6	
6				8				4

31.

	7	5			6			
			9		5			
		3						7
	1							
7			8				4	
9				1		3		5
4					9		6	
	3		5				9	
5					1	2		

32.

	2						7	
			9					
			3		2			
1	7			8	4			
				3				5
		2	5					
				6	2		8	
3	4							
				7				

质 数

11

在本章题目中,俄罗斯方块中的数字通过混合运算不能算出质数11。

33.

		9		3				
	7		6					
		2	8			9		
5								
	6						3	7
		8		2	1			
				8		4		2
1		7					8	
	3				2			

34.

	1		7			6		
	9			6			3	
		4		3				
		9			1	3		4
		3		2			6	
	4							
7				6			5	1
	8			5			2	

35.

4					3		9	
	2						1	
	6				8			
		6	5					3
3				1				
8		1				7		
		9				8		
5			3				4	9
				7	6			

36.

				8	3			
9	6					5		
						7		
	2				6		1	
8						9		
	3		7					
			5	2				
		1					3	4
						2	8	

37.

	4	3				6		
				7			9	
				5			2	
7								
			6			1		4
2					5			
	6		1	2	7			3
9								
						5		

38.

4						6	8	
					7		9	
					5		2	
8	7							
			6			1		4
	2			5	9			
6			1					3
	9							
		2				5		

39.

		9	8				1	
	7			4				
			6				9	
						4		8
3	6			5	7			
		2						
		1	9					
						9		1
	8			2	6			

40.

			4	7		9		
1		6					7	
		5						
4	3							8
				6	1			7
	9							
					7		1	
		2	3					
							5	

41.

		6	7				8
5			2			3	
3				9	4		6
		3		4		7	
	5	2			8		
3			6				4
	4			8		2	
9		1					
8							

42.

9				2			5
			1	3		4	
5	6						
		6		7	2		8
		9		5			3
		1			6		
	2				4		
	3		2				
			9				

43.

	7		2				3	
				6	4			7
2		5				6		
		3			9			1
6	9		8					
					7			4
1		2	7		5			
9				2				
							8	

44.

	3			9			2	
	9	7						6
	2		8			4		
		3				1		
5	6			7	8			
								7
8	7			5				
						9		
		1	2					3

45.

			1					
2					5			8
	6			8		2		
1						8		
	7				4			
		2	3				9	1
		8	2				7	
	1				7			4
5				3				

46.

		6			2			8
				5		3	4	
		3	7			9		
	9			4				
3							7	
2			6		3		9	
9				6		5		
		2	4		5			
1							6	

47.

	1				6			
						8		1
2		8			5			4
		7	3		2			
		3			1			
5			7	9		4		
			5	4			3	6
	8			7				
9								

48.

	9	5					6	
			7					8
	2		3					
8	7							
				4		3		
		6						2
		9		6	3			
						7		

49.

			6			4		
	3						5	
		2		7				9
		3					2	7
					9		6	
					4			
							3	
6	4					1		
				2				

50.

					6	3		
		9				2		
	1			5				
5			8				4	3
		1		3		6		
			4					
				9	1		2	7
		3				8		
9			7					

51.

	5							
	8			3	1			
				4		3		5
7					3			
	9	4	5				1	
	6					4		3
		9	4				2	
5					9			6

52.

	5							
3	1		6					
			2		4	9		
			3				2	
2		4			7			8
			5					6
			4					3
9		7			8			

53.

				3	9	8		
					8	7		
		6						
		7	4					6
		2						1
			1		7			
8	9			2			4	
	5		6					9

54.

	9	1						
						6		
			5			2		8
4			2					
		7		9				2
		9				7	1	
2								
8			3		5			4
		4					7	

55.

			4	2				
	4				1			
2		6				9	7	
			1					9
				8	5			
	7	5						8
	8					5		
6			7	9				
				3	8			2

56.

	8				5			
						1	7	
	6	1		3		5		
1								4
			6				9	5
9								
			9		1			
	7	3						6
			4					

57.

		5				8		
	8	9					6	
		3					7	
			9					
6		7				4		
	3			4		9		
	8		1					3
	7			6			5	
5					4			

58.

	7	4	5		9	1		
5				8				
		2						
			3	1			5	
		6						
			6			2		1
		9					8	
	4			2				
6		8		5			4	7

59.

						4		
	5	9					7	
1				8				
4	2							
	3		9		2	8	5	
6								
5								4
	1							2
			7	3			9	

60.

					7		8	
					3		4	
6	1							
			6					9
2		4		3	8			
		7					3	
9			8					
		8						
			9					6

61.

		1			4		
			8		1	7	
5	3	6					
1			4				
7				9			2
					6		3
5		9		6			
				5			
		2			8		9

62.

		6	1				8
	2				5		
			8		2		6
		7		4			
2			3		4		1
	1				8		
8			2		1	7	
		1		7			
	5			3			

63.

5	2			3		8		
4							9	7
		1		6				
2	1			8	4			
					5			
	6				1		5	9
								1
				4				
8	7			2				

64.

							5	
7	2			6	4			
5		8						
	5	7	8			3		
	4				5	6		2
		2		9				
	6				7			
						8		1
		2	9		1			4

质 数

13

在本章题目中,俄罗斯方块中的数字通过混合运算不能得到质数13。

65.

9								3
	5			8		6		
		2			7			
3		5				4		
1			9		8			
	7			6				9
	1		2		6			
8		7		1				
						7		4

66.

		5				7		2
	9			1			6	
			9			5		
9		6		5				
3		8				2		
					6		4	
			6		1			3
	1		4		3			
2							7	

67.

1			2			5	7	
		8						
		4						6
3								8
	7							
			8	7				
	3				5		1	
			6		4		5	
						4		9

68.

1		9				2		
6			5					
7				2				9
	5							8
				9				7
8		6	3			2		
				4		6		
4		8				9		
			7		3			

69.

		8			3	4		2
			1		5			7
		9		7				
				2		6	9	
	7			4				
								4
	1				4			5
				9			6	
5								

70.

5					8			3
	6				4	5		
	4			9				1
			6				1	
	3	2						
6				5		4		
		3		2		7		
4	8							
			1				5	

71.

2					1	3		5
		3						
	9			4				
	6			7			1	2
	1	8			3		7	
					2			8
	8			9		7		
		5		1			4	

72.

	2				1			
	4					2		
		7			5		6	
		2	5				3	
		4			2	6	5	
9								8
6				3		5		
	8							
		9	4					

73.

	5			1		9		
	2			7		8		
		8	2				1	
		5	3					2
					8	7		
	3							9
		4						
8					2			
		1	5					6

74.

	8			2		4	5	
		7						
6			3		9			2
						2	7	
		5				6		
4								9
	2			3			1	
1		4	8		5			
			4					8

75.

			6	4				
		5					8	
8		6					7	2
			7					1
	7					9	3	
2								6
	3			6		2		
5	9					3		
4				8	7			

76.

8		7			6		1	
		6				5		
5				2				
6			1				8	
				5				7
				6				
				7		1		3
	9	8					7	
			9	1			6	

77.

		3		1	2			
					5	4		
		2					9	
			4		6			
		1			8			3
		7			9			
9						1		
	7			5		8		
				8			4	2

78.

	9				2	8		
				1				7
	5	3			7			
3							8	4
			4			3		
1		8	5	9				
9				5				
			7			5	3	
								6

79.

		3	7		2		5	
	8				4			
		7					6	
5		6		1	7		8	
					8			2
2								3
				3			9	
		9	6					
		8						1

80.

8					4			
6							1	
			8	3			4	2
	8	3			9			
						3	5	
			4	1		8	9	
			6					7
	4			7				
	5			9				

81.

6					9		4	
3					1			
						7		1
						3		8
	3	1		8				
		7	2		5			
						6		2
		5	3					
		4	7	6				

82.

				5			6	
		4			1	8		
	1	2						
			8	9				5
7	4							
		6			2			
		9				2		
			1		7			
5					8	4		

83.

		1			5		9	
	5		1					
			8			7		
			9					8
	2		6	8				5
6								
7			3					
			4				6	9
		8		6			2	

84.

		4		5	3			2
8			9			7		
9							4	
	3			4				
	7				6		1	
6			3					8
					8		2	
1				6				
	5			7		4		

85.

		1			6		2	
4								
		7	3		1		6	
9	1				5			
				8				6
					2		3	7
					1	7	5	4
					3			
6	3							

86.

		3		1	7			5
	4	1						
				2		7		
			5					
1		8						7
			2	6			1	
						3		8
6							5	9
8	2		4					

87.

2		7			1	3		5
		3	2					
	9			4				
	6			7			1	2
	1	8			3		7	
					2			
				9		7		
		5		1			4	8

88.

					3		5	
				7			1	
2	8					7		
		3	1	5		6		7
		6				1		8
			7					3
					4			2
	3				1			
		5		8				

89.

	1			8				
3				7		4	1	
			4		2			
1			5		4		3	
	7							
	4							8
7	5			8				
			9					
6	9			5		7	8	

90.

8				1				
6			9		8	7		1
	3							
3		1		5				
				3	6		5	
4		6					8	
		7	5	4			3	
2				8				
							6	9

91.

	8				6			
	1	6				2		5
			9	7				4
9		5					8	
		7		6				
	3			4		9		
2	7					1		9
			7		2			
								3

92.

			9					6
			7			4		
8				4	3		1	
2							7	9
7					2	5	8	
	3	8						
	9			7				4
		2			9			
1		4			5			

93.

6							5	8
						6		
	1				7	3		
		8				4		
	4				3	8		
		6		9			7	
8								4
		9			1			
	2	5		6				1

94.

1	9						4	
					8			3
		7		2				
4	7	5					1	2
					4			6
				7	9			
		8			7			
	3			4			9	
		6		3			2	

95.

4				9		6		
	8				6	9	4	2
					7			
9							8	
				6		7		3
	5	3			4	1		
7			3		4			
	9						2	
3			6					

96.

			4				6	
2				9				
9		8		7		4	5	
	1		7					6
							8	
		9						
8				1		5		
	6		9					
7				4			1	

质 数

17

在本章题目中,俄罗斯方块中的数字通过混合运算不能得到质数17。

97.

5				2	6			7
				5				8
4	6							
		5		4	3			
2						5		
7				8		9		
							7	1
	3		5					
	2		1	9			3	

98.

2						4		
4				7		3	9	
					1			
3			7			2		
	5		3	9				6
	8							
		3						
		7	5	6				
				9			6	8

99.

					2		3	
	5	8						
		6					2	
9	3						6	
	2	4		6	1			
					4		1	
	7				3			9
			7		9			
		5						6

100.

4					1			5
		2						9
		5		4	6			
		3		7				
1							6	
		8		6				
						8	9	
	7	9			2		5	
			5	4	7			

101.

			1					8
		1	4	6				
		8				6	7	
	3		6					
	2			4		5		9
9							2	
4					9		8	7
3								
				5				

102.

		4				8	2	
8	2			1	4			
							1	
		5	3	2		6		
	8			7				
7							8	
	4		9				3	
						5		
			2	1	8			7

103.

	4						8	5
				3			9	
		9						
			7	5				
	3					9	6	2
		2						
		6			2			
2	7							
	9	1			7	5		

104.

		2			8	6		
		9				1	5	
	1			7				
		7		1				8
	6							7
	3		5	6			9	
3					4			5
		5					4	
9			7					

105.

			2			9		7
		7				6		1
3				9				
		5	7				8	
6				4				9
				8				
2						1		
1			6	5				
		3				7	5	

106.

6	2					9		
			7		5			
		9			3			5
	5		6				8	
			8			6		
	1						7	
	9					8		4
		4				7		6

107.

			7					
	2	7	9	6				3
							1	
		8			9			
		2	1		8		5	4
5								2
8	9						2	6
			6		1			8
		4		8				

108.

			7				8	
3		4		8			2	
2								4
1		9		4	3			
					2		1	
							4	
	5				6			8
		3	8			1		2
7								

109.

			7		2	4	5	
2	3					6		
					5	8		
1	5					7		
9			8		4		2	
					3			
		1	9				7	
					1			
3	8			5				

110.

							6	
7				2			3	
3	2						8	4
						6		
	7			6				
4	8				3		7	
		2	4		8			
						8		
5			9	1		7		

111.

				3		5		4
	8			9				1
		2	4					
5						1		8
1					9			
		6	5				7	
	7	4			2			
8				5	4			
			3			8		2

112.

9		3					8	
				3		1		
	5				7		9	2
								8
				5				
		4		6	1	7		
							1	6
	4						5	
	2	5	7		8			

113.

4							2	3
		7	8	3				
				5			7	
6			1		7			5
		4					6	9
	8			4				1
		2	3		8		4	
	6			2				
		8						

114.

		3				5		
				1				
	2	1			3	6		
	3				2			
		5		4			6	7
		8					2	
7				3		9		5
			8					
	5	8		6			7	

115.

5		6				9		3
3	8		2					5
			1					
		9						
	4					7	6	
			8					
				9				
				5				9
1								2

116.

	4			3	9	1		
8	1	9			6			
				5				8
		6		4				
		5					4	
7					8			
	6			7			3	9
9		2			4			
	7				1			

117.

								8
	6				8			9
		4	5		2		7	
3					5	7	9	
				2	6	4		
				3				
	5		9		4		2	
						6	1	

118.

			6	8	9			
						2		
5	8							
	1			4			3	2
6		9						1
		5						4
	3	2		7				
				6		9		
						7		

119.

					9		5	
		6	2					
			4					
		9		1		6		
	5			4			7	
3					7			2
8						3	4	
	2							9
	3		9					

120.

4		1		3			9	
					1			
7						3	8	
1		2	5	7				
							6	8
9							5	
5								4
	6			4	2	9		
			1		5			

121.

1			9				5	
		4			6		7	
								4
			8	1		3		9
	1							6
7				2				
				3		6		
		8				4		
	5	6					3	

122.

						4		
8			1		6			
6	2						9	
2								
4	5		8		1	2		
			9			8		
	1							9
3				6	9	7	2	
					7			

123.

	7				1	2		
3		6		2				5
					8			
			1	6				
		5						7
1	6		8			3	9	
								9
		4			2		3	
				3	7			2

124.

4			1					
8			9	6		2	7	
			4				3	
7				2	3			1
		4				5		
9	1			4			6	5
			3	5				
			1		8			2

125.

		9		7	3			
5				8		4	1	
6								
	4	1			6	7		
			3		5		2	
						8		
8			2					
		3						4
	5		9				2	3

126.

4				5	8		6	
	7		2					1
1								
2			8	3				
				4	5			8
		2			4			3
5						9		
6						7		4

127.

				1		6		2
	2		6				9	
	4		5					
								6
				9	5			
	7		4			5	8	
9	1	4	7					
				4				
				8			5	7

128.

					1			
	7		3	1	6			
		3		8				7
		9					5	
		5	8	2	4			9
7								
		6		7				
5				2	6		4	
1					9			

质 数

19

在本章题目中,俄罗斯方块中的数字通过混合运算不能得到质数19。

129.

	2	3	8					
						5		6
1			3	2				
				6		7		
7	8						4	
6				9	5			
			2				8	
5								

130.

2					3	7		
	5		2		4			9
				6		3		8
3				8		5		
6	1				5			
	9		7				8	
5				4			3	
						4		

131.

		6		1			7	
	3						8	1
		2		3	5			
				5				
		4		7		6	3	
		9					4	5
8					3	7		
		7	4				2	

132.

				8				5
	8						9	2
	9		2					
5		7	9					1
					6		7	3
				5				
	4	2		6			1	
1				3	2	6		

133.

	6	3			7		1	
	1							
			4					
	2			4				
6						9	3	4
		8						5
		1				6		
	3		9				7	
9				3		2		

134.

7							8	
			2	3		4		
		6				1		
		3		1		2		6
			7		2			1
						8		
	2						5	
		9	8	5		6	4	
3								

135.

	5	8						6
	6		2			8	1	
				9				
			7	3				
8						7	2	
			1	6				3
3		7	9					1
4							5	

136.

					2			
6	9		3				4	
4	2				6			
								1
1					5			3
5		4	8				6	
				9				7
		1		5	7	2		
2								

137.

				6		3		
5	4	7			2			
		4			6	2	5	
	9		8	3				
								3
	6				2		1	
			5					2
3	8					1		7

138.

8	6				7			
4						8	1	
								2
			2	5				
2		8		6			4	
	1						7	6
	3	7			4			
1					6			5
								9

139.

	8					6		
				7	2			
9	4				1			8
						1	3	
	6	5	9	3				
								7
			4		8		5	
		2	7					
		1						

140.

	4	3			8			
					6	3		
				2		8		1
					2	7	4	
1	8	7					3	
4								
						5	2	
					1			
	3	9	6	7				

141.

				9				5
7		4	1					
					7			
	3	8				1	7	
4	7			6				8
		1				3		
	5						6	9
	1							7
			8		3	5		

142.

			1					
	9					6	5	
2	8			4				3
9							8	1
5					6			
	3			2				
							7	
		4				8		
		8	7			1	9	

143.

				5	9	2		
			3			8	9	
8	4							
7								1
			2			4		
				6				
1	8						6	
9		7		8			5	
					1	3		

144.

	5	3		2		1		
	6		3					
						7		
		4	5	7		3		
							8	
		8				2		
					5		9	
8			9		4			6
		6					4	

145.

	1					8		
			9	7			6	
5				2	6			
				5			4	
1	9				4			
		2					1	
		5	4				9	
9	7					1		
2			6	8			3	

146.

		1		6				5
	4							
					8	6	2	4
	3	6	5					8
5				1				
							9	
1				7			6	
8			4					
			2			7		

147.

			5				2	
1	3		4					
	6			7		8		
			3	6				
		8					1	
7						6	9	
		7						1
	2				4		3	8
			6					

148.

			6		7		8	
			1			5		
8							3	
		8		6				5
		6	4		9	3		
7				1				
	6	3	5	9	2			
		1						
		9						

149.

1			5		2			
		5	6			3		7
					8			2
	2		4	5	1			6
						4	1	
		4						
			1				9	
	7		9				4	8

150.

1						5	7	
		4					9	6
	2	8			6			
3					9		8	
	7			5				3
					7			
							1	
	3		6		4		5	
		7				4		9

151.

4				6	3		2	
5				4	1			
	6						9	
1						4	7	
6	8					3		
			1					
3	5		8					
								9
			7				4	

152.

						8		
		9		1				4
			6	2		3		
				4				1
				7				9
8	6			5				
			1			9		
	3	4						8
7			4	9				

153

6		7		9				3	
9		5	4	7					1
	9						4		8
5		8						7	
						4	2		
7								4	
8					3			1	
			8						

154.

			6			1	5	
				7		9		
	8	3						
9						3		
4	7			3	1			
							6	
				6			9	2
1				8				
3	6		4		2			

155.

	7					3	2	
							5	
8			4		1			
		3	6	8		4		
6					4	5		
	8	2						
			9	1				
	6	7						
5					3		8	6

156.

		5			1		8	
4			2				5	
	3			9		4		6
				6				
6	8	2			5	7		3
						8		
						5		
8				3	2		9	
	4							1

157.

		1		6				5
	4			5				
				3	8	6	2	
3		6	5					8
5					1		9	
1	2			7			6	
8			4			2	5	
			2					

158.

							6	
9			1					
					4	3		
1	8			3				2
				9	8			
			6					
	3	4			9			8
		9		7	2	1		
		2				7		

159.

			7		1		8	
8			2		5			7
	1	4					3	
				1	6	7		
							5	1
2				8	7			
						2		
	3					8	4	
5				6	3			

160.

7					4			
1					3			
		8	1			7		4
	9	2			5		6	
			9					
			2					1
	4					1		
	2					8		
3			5	6			7	

质 数

23

在本章题目中,俄罗斯方块中的数字通过混合运算不能得到质数23。

161.

		5	4		6			
	9				8			
							1	
3				1				
7						2		
					9			6
				2		7	3	
1								
	8	6		4				

162.

					6			
		1				3		
				2		7		
6	8				9			
			1			2		4
4								
5								6
	9							8
			3	7			1	

163.

	2					4		
6	7					9		
				8	5			
					7			
		1						8
	9		6				3	
		3			2	6		1
		5					4	
		6	7					

164.

		1	9				8	2
	3			2			4	
		5	7					
			2	6				
5						6		
							3	5
			4				7	
6	1			7				9
4					6	8		

165.

6			8					4
		8		3			1	
			2			9		
	3			9				
2						4	3	
	5				1		6	
4								
8		9	6		5			
	6			2				7

166.

				5	7			4
		9	6					3
			1					
7				4				
2				3			1	
						4	2	
	6	8						
					3		7	
		4	5	6	2		8	

167.

						4		8
	3	1			2			
				3				9
2				1				
	9			7				3
4					5			
	4	7	9					
		5					1	
					3		7	4

168.

							3	8
3			9					
7		8	1				2	
		5					8	6
				2	9			
	6	1					7	9
								2
	3		2				4	5
4	9			7				

169.

	5				6		9	
			1		7			
	8					5	4	
9	7			4				6
				6	5			3
		3						
								1
5		9					3	
				3	2			

170.

		9				6	5	
6			5					
	4		8		2		9	
8			4					
2							6	4
5				7				2
	1		3			2		
						3	7	
		7						

171.

	7	2			8	1		
				1				3
								5
	9				1		7	
2				8	3	4		
		6					1	
5			6					
		1		5				2

172.

2							3	5
		9						
		1		3		2		
	7		3	1				
3				9				
				2			1	6
					1	5	2	
	4			5				
						9	8	

173.

2					9			
4	3					8		
	5	6					1	
			3	8				
		7	4		6		9	2
		9			7			
			5			3		1
								4

174.

						6	7	8
			8				4	
	1	5	7					
	9		7	6				
				9	4		6	
	2					3		
	7				5			
4			9				2	
				8			3	

175.

		9	3				6	
	6		2					
8				1				
9	1			2	3		8	
3			7			5		
			5			1		
			6					3
				9			2	
							9	

176.

			4					
	9		3	2				
1		3				2		
		6		7				
	4						1	6
	3						9	
	2	9						
			5		8			7
4					1	8		3

177.

	8		2					
				6		2		
					1			
4		8					5	2
		9					1	
1	6		7					
	7			2				
				8	5		9	6
	1			7				

178.

		5	8				1	
2	6		4					
	5							4
	9			6		3	8	
				1				
			3		2			
7	8			9				
					9	6		

179.

	2							
5	1							
			8		3		4	
4		9			6			
								7
		3			8	2		1
						3		2
			9		4			

180.

9			5			3		
3	1				2			9
					7		5	
		8		7				1
					1		9	4
							2	
7						6	3	
	4			8	9	6		

181.

	8	4	2			5		6
6				5	3			
	9						8	
	6					2		8
2					9			
				1				
			4			9		
			3	6			1	
	3							

182.

			9		2			
9		3				2		7
	4	1	7					
1						6		3
		6			5			
	7					9		
6				7			2	
	2			6			5	4
			4	3				

183.

	4	6				8		
3	7	5		4				
							3	6
		5			3			
	2	1			7	4		
	9			3				5
2						3		
			9				6	

184.

8		9						
	6		4			7		
2						3		1
			7					6
				6			8	
			5					
4				9			6	
	9			8	2			7
						5		

185.

		8			7			
			3			5		
	9							
2		1				8		
7				3				
			5	6		4	7	
							2	1
	8	4		9				
		6						

186.

	6				7		5	
				3			9	
8	2							
		7		5				
		4				2		
		3		4				6
					6			8
	7		4					
		5		2			4	

187.

6						1		
			4	7			6	9
			9	1	2			
1	5							
		8	1					
	3		8	2				6
				6			5	7
	9	6	3					
8	2							

188.

		1	5	9			4	
	8	7				5		6
5		9	2		4			
	4				8			2
								7
4		6			7	2		
							9	
			9			2		

189.

4		3		6		7		8
1		2	9		7			
					1			
		4		9				3
			6					2
		5						
	7				8	2		
5							9	
	2							1

190.

		9					8	
4			3	7				1
	7	5						
				2				6
		4			3			
8			7			3		5
	5			6				
				8			9	
					1		4	

191.

		1				2		8
								9
	9				3			
			5		7		4	
	8	9		6				
	2							
5				8		3	7	
		6					2	
	7				6	1		

192.

		8		3	2			
			7					
								2
					6		2	8
9	4							
	9	2			7		5	6
			4			9	8	
	1	4		8				

质 数

29

在本章题目中,俄罗斯方块中的数字通过混合运算不能得到质数29。

193.

		4	2					
		3	6			8		9
				4			7	
4							2	
					1			
8	1		5			9		4
		9		8		2		5
	5				9		3	
7								

194.

						6	5	
	1		9	4				
		7					2	
	5				6		9	
1		8		7				
4			2					
				1		8		
	3					4		
	2				5			

195.

					2	3		
						1		
8		4						7
					7			
						1	3	
		9	6		5			
1			4	9				
2	7							
			8					6

196.

		9						
	7		6					
		2	8					
5				2				
	6						3	7
		8		5		6		
				8		4		2
				4			8	
	3				2	7		

197.

		7		4				
					7		1	8
	8	4				6		
			4					
		9		3	1			
3			6			5		
			8		2			4
						8		1
2	1		9					

198.

			6			1	9	
	7			5			6	
		4		3				
	4		8					
		8			2			9
			3		1	5		6
7				8				
		2	9	1				4
	6						1	

199.

								9
		3				1	7	
					7	5		
1						8	5	
				8				
9					2		4	
	8							5
7		1			8			6
			5			3	9	

200.

			2			8	3	
		6					9	7
8					5			
7	5		3					
						5	8	
			9					1
	6			7	9			
		4				1		
							2	4

201.

	1	2	7		9	6		
	5		3					
8		6						
	8							
						9		4
1	7		2	9			8	
				2				9
	2		1		3	4	7	
			6		1			

202.

	1			2				4
3			6		1			
							5	9
				9	5			
	2	8					7	6
6			3					
	5	1	8					
2			4		1	7		

203.

		3		1	4		9	
			7			8		
	2	5						
	6							4
			4			9		
7		8			2			
				5			7	8
		6	3				5	
1				2				

204.

					3			6
6				2		1		
	9							
		5	7				8	
		2						
					4		7	
				1		3		5
8	7				9			
	4							

205.

				1		3		5
	1			7		4		
4		9			6			
9			3				8	
			6				4	
7	3							1
				2			7	
1			5		9			
2	8							9

206.

7							9	
	9		1				5	
2								
	7				9		4	
			7	2				
8		1	3					
		5		2		9		8
		2			5			7
	6		9					

207.

			3				6	
		3				9		1
		7			5			2
8		5		9			3	
			2					8
	2					6	4	
			6					
					2	6		9
	1		3			5		

208.

				2			3	
3			6					7
		2			6			
		3			9			1
6	9			8				
					7			4
1	2			7	5			
9			2			3		
						4		

209.

					3		9	
	2	3	6			1		
			1					2
6						4		8
1		8			9	5		
							7	
4		7	2			3		
				9	4			

210.

		7				2	3	
			7					
	2							5
	7	1		6				
3					5			
8			9			4		2
			4					1
		3			8	6	5	
				2				7

211.

		4			1	8		
				5			6	2
	1	2					3	
			8	9	2			5
	4	7						
		9				2		6
			1		7			
5					8	4		

212.

	8						9	
7								
		1	3	4		5		
4						3		7
						9		
			8		3			2
3				1			6	
			9	6		7	5	
	4							

213.

			7				
6					1			2
	5					6		
7		3		8			9	
2				4				
					2	7		
4								
8				2		5		
	2					3	1	4

214.

	8				4	7		
3			7					5
	4			8				
	9			4		8		
5			2					
		3		5			1	
	3		8				9	
		2						4
6								

215.

				8	3			7
4						6		
			5					
		9		7				8
6			1					9
	8							5
			6					
		3	2			4		

216.

	5						9	4
				7			8	2
	6			3				
		7	3			4	2	
1					2			
	8			5				
	1			9				
	9	7			3	8		6
6					4			

217.

	6			4			7	
	4	9	8			3	6	
5				7			8	
								5
		1		9				
			6	2		4		3
		8	5				9	
		4						2

218.

					6			8
		7				2		
1	6		9	8				
					3	7		
8						9	1	
	2				7			4
				4			9	
		1						
		2	5					

219.

8		7	5		1		2	
4					2		9	
								5
7				8				
	8		1	3				4
						9		1
						2		8
	5			9				
2				3				

220.

	1			7	2			6
2				4			9	
					9			4
		4	8				1	7
8				5				
	2			8				
		3	7				5	9
							8	

221.

			6					
1	9			2				
2					9	1		
	7					2		
			7	5			6	3
8								
				4			7	
		9			6			
		1			8	9		2

222.

			9					
6					7	5		
9			3				7	
	1			4				
				6		4	2	
	6						3	9
	2					6		
						8	5	
	3		2					

223.

	8			4	7		
3			7				5
	4		8				
	9		4		8		
5				2			
		7		5		1	
	3		8			9	
				6			4
6							

224.

			9				5
7				1			
2	3			8			4
		3				5	
		4			2		
5			8			7	1
4			1	2		6	8
		5			9		

质 数

31

在本章题目中,俄罗斯方块中的数字通过混合运算不能得到质数31。

225.

5	3			2				
	6				4	1		
					7			
			3		6			
		9					2	8
							5	
		1		8		3	9	
	7							
	4							7

226.

	4			9				
3		2		4				
				3				5
	9	6			5		7	1
2						4		
	7		9			8		
		3				5	1	
		5		7			9	
	8		2		6			

227.

5							2	
	3	9		1				6
7					5	1		
	1			9		7	3	
	2		6					
					4			
		4				5		
	6					7		
	4			3			1	

228.

				5		1		2
		7	3				8	
	9					7		
1			4					
	7			8				3
		6			7		1	5
4		2						
	1			9		5	6	
					5			

229.

					6		2	
7	8			9	4			
		3				6		
						5		
5				2	3		7	
	1		7					
		1		7				9
3	6				5	2		
							4	

230.

	8						6	
		1	4		9		5	
			2				7	
					1			
6							5	
	4			9			1	3
	2			3				8
		9	1		5		7	
		3						

231.

1			6					3
				4				
		7			1	9		
		5				2		
	3						5	
			3		7			4
	5			7			8	
		8				3		
4			1	2				5

232.

					4			8
	1					6	7	
3			5					
				3				
	5			1				7
		1	2				9	
	8					5		
5				8			6	
				7				1

233.

	9					1		
			2			7		
	8	5			9			
7				6		4		
4						3		
								9
			1	7			2	
3				4				
							8	

234.

					2			
				4			3	6
	8	9				7		
4						2		
	7		8					5
						4		
					8			
			7	3			6	
7	2		6					9

235.

1					5			4
	9	8	6			3		
			1					
				7				8
4	5			2				
			6			5		
		1	8				2	
		6					5	
				5				9

236.

	1	3	4					
		6	7			8	3	
				3		9		
	7			9		3		
					1		2	5
2								
		4				5		
8			2		6		9	

237.

			8					1
	3			1			9	
		8		4		2		
	4		7			3		
9			6					
							6	9
						5	3	
		5			2			
		6		3	8		1	7

238.

		2	7			4		9
	3							
1				6		8		
		3					2	7
4					9			
					8			
	9						3	
6	8							
			2					5

239.

	2	4		1				5
	5				3	7		
				2			8	
				5			2	
3					2	6		
6								
						5		
				6			3	8
4		7	8	3				

240.

				7		6		
	1	2	9					
	5					8		
9								
		7						8
	4		3			7		
1	6		2					
				5				2
8					9			

241.

		7						
		9		5			6	
				3				8
		5			9		3	
7	8					4		
			5				7	6
			4	9		7		
	4				7			
6						9		

242.

					2			
	1	9		3			7	
2			7		9			
		8		1				
6	4			7	5	8		
							4	7
				1				2
			4		1			
5			6			3	8	

243.

				8		1		
					7	6	2	
		5		1				
								8
		3				4	6	
6	1							7
1	7							2
	3			8				
		4	2		1			3

244.

				7			9	
1					8			
	3				6	7	8	
	6			8	3			
		5					2	
					2			4
7				1		8		
4	1							5
				7	3			

245.

	6							
				1				
8	2		6			1		
1				5				
		4			8			2
	3						1	
6				4			9	
		3	7			2		
	8					6		5

246.

		8		9				2
4					5			
	1		2			4		
		3						
9			8			2		
	4						1	7
		9			3	7		
	2			4			3	
5								

247.

1	2				6	7		
	7					5	1	
			3					7
9								
		3	7				9	
					2		5	8
6				5				4
			9				2	
		4						

248.

		3		8				4
6				1			8	
	8		2			6		
			6			9	1	
5	4			3	2			
								3
						1		2
	3		5					
		9	8				3	

249.

	4	8				1		
3				8	4			
			3					5
	9				5		7	
		5				4		
4				9				
		3				5		
				2	6			8
5							9	

250.

	5			3				
1					4			9
			5			2	7	
		2	3				4	
					1	3		
8				7				6
								5
		8		2		1		
	2			6	3		9	

251.

5	9			2	7			
	8						2	
							9	4
			1				4	
	3		9	5		8		
	4					9		
				7				2
		3	4	9				1
		8		3				

252.

			9		1			4
	2			5				
3		6				1		
					3			
		2						6
	3			2			5	
			1				9	
4			2			3		
5								

253.

			4		2			6	
8	1					7			
	9					5		1	
		3	8						4
		7		1			5		
	6				2	8			
				6					9
									2
	2	6	4			1			

254.

								5	
					8	4			
	5			2	9	8			
				6		2			
	6	2	4				3		
4		9						5	
	3	8							
	2		3					7	
	1		2				8		

255.

	9							
			3					8
	6	4						
	7				4		6	
9	8		1					
			7		8		2	
				6			9	
8								1
5								

256.

	8	7						
					4		3	
			9					
9				6	3			
6								
						7	5	
			7					8
5		9		2			6	

答 案

1.

7	1	5	8	3	6	2	4	9
2	3	4	7	9	1	8	5	6
6	9	8	4	2	5	1	3	7
5	2	3	6	8	9	7	1	4
9	6	7	1	5	4	3	2	8
8	4	1	2	7	3	9	6	5
3	8	9	5	6	2	4	7	1
4	7	6	3	1	8	5	9	2
1	5	2	9	4	7	6	8	3

2.

5	7	3	1	6	8	2	4	9
6	4	9	2	5	3	8	1	7
8	1	2	7	4	9	5	3	6
3	6	7	9	1	2	4	8	5
2	5	8	6	7	4	3	9	1
4	9	1	3	8	5	7	6	2
1	3	6	8	2	7	9	5	4
7	8	5	4	9	6	1	2	3
9	2	4	5	3	1	6	7	8

3.

7	1	4	6	2	8	9	5	3
5	6	8	9	3	4	7	2	1
2	3	9	5	7	1	8	4	6
1	8	2	7	9	6	5	3	4
9	7	3	4	5	2	6	1	8
6	4	5	8	1	3	2	9	7
4	9	7	1	8	5	3	6	2
3	5	1	2	6	7	4	8	9
8	2	6	3	4	9	1	7	5

4.

8	4	3	5	9	1	6	7	2
7	2	1	6	3	8	9	4	5
9	6	5	2	4	7	1	3	8
4	7	9	3	8	6	5	2	1
3	1	8	4	2	5	7	6	9
2	5	6	7	1	9	3	8	4
1	9	4	8	7	3	2	5	6
6	3	2	9	5	4	8	1	7
5	8	7	1	6	2	4	9	3

5.

8	3	2	1	7	6	4	5	9
6	1	7	4	5	9	3	8	2
9	4	5	2	3	8	7	1	6
4	2	6	5	1	3	8	9	1
5	8	9	6	2	7	1	3	4
3	7	1	8	9	4	2	6	5
2	9	3	7	8	5	6	4	1
1	5	4	3	6	2	9	7	8
7	6	8	9	4	1	5	2	3

6.

6	5	7	9	3	8	2	1	4
4	9	3	7	1	2	6	8	5
1	2	8	4	5	6	3	9	7
8	3	2	5	6	7	1	4	9
7	6	9	1	8	4	5	3	2
5	4	1	3	2	9	7	6	8
2	7	6	8	9	3	4	5	1
3	8	5	2	4	1	9	7	6
9	1	4	6	7	5	8	2	3

7.

2	8	5	9	6	3	4	7	1
6	7	3	2	4	1	9	5	8
1	9	4	5	8	7	3	6	2
5	3	6	8	1	2	7	9	4
7	2	9	4	3	6	8	1	5
8	4	1	7	9	5	6	2	3
3	1	8	6	5	9	2	4	7
4	6	2	1	7	8	5	3	9
9	5	7	3	2	4	1	8	6

8.

9	6	3	5	2	7	4	1	8
1	7	4	9	8	3	5	2	6
8	2	5	6	4	1	7	3	9
5	4	9	1	7	2	6	8	3
6	1	8	4	3	9	2	5	7
2	3	7	8	5	6	1	9	4
4	5	1	7	9	8	3	6	2
7	9	2	3	6	5	8	4	1
3	8	6	2	1	4	9	7	5

9.

8	2	4	9	1	6	3	5	7
1	7	5	3	8	4	6	9	2
6	3	9	7	2	5	4	8	1
4	8	2	6	3	9	1	7	5
9	1	6	5	7	8	2	3	4
3	5	7	2	4	1	9	6	8
5	6	8	1	9	2	7	4	3
2	4	3	8	6	7	5	1	9
7	9	1	4	5	3	8	2	6

10.

1	5	7	2	8	3	4	9	6
8	3	6	1	4	9	5	2	7
4	2	9	5	7	6	3	8	1
9	8	3	7	5	2	1	6	4
2	7	4	9	6	1	8	5	3
6	1	5	4	3	8	2	7	9
7	4	1	6	2	5	9	3	8
5	6	8	3	9	4	7	1	2
3	9	2	8	1	7	6	4	5

11.

4	3	5	6	9	1	2	8	7
8	1	6	7	3	2	5	4	9
7	9	2	8	4	5	3	1	6
9	5	8	3	1	6	4	7	2
1	6	4	2	7	9	8	5	3
2	7	3	4	5	8	6	9	1
6	2	9	1	8	4	7	3	5
5	4	7	9	2	3	1	6	8
3	8	1	5	6	7	9	2	4

12.

3	2	9	5	7	1	6	8	4
8	4	1	9	2	6	7	5	3
7	5	6	3	8	4	2	9	1
1	9	3	8	5	7	4	2	6
2	8	7	6	4	3	9	1	5
5	6	4	2	1	9	8	3	7
9	1	5	4	6	2	3	7	8
6	7	2	1	3	8	5	4	9
4	3	8	7	9	5	1	6	2

13.

1	7	2	4	3	5	6	8	9
3	8	9	2	7	6	5	1	4
5	4	6	8	1	9	2	3	7
8	5	4	9	6	3	1	7	2
9	6	1	7	8	2	3	4	5
7	2	3	5	4	1	9	6	8
4	1	5	3	2	8	7	9	6
6	9	7	1	5	4	8	2	3
2	3	8	6	9	7	4	5	1

14.

8	3	4	9	5	6	2	1	7
7	5	2	1	8	4	9	3	6
1	9	6	7	3	2	5	4	8
9	8	5	6	1	3	4	7	2
6	1	7	2	4	9	8	5	3
4	2	3	5	7	8	6	9	1
2	7	9	4	6	1	3	8	5
5	4	8	3	2	7	1	6	9
3	6	1	8	9	5	7	2	4

15.

3	2	5	6	4	7	1	9	8
9	7	1	2	5	8	4	6	3
6	8	4	1	3	9	7	2	5
2	4	7	8	6	5	3	1	9
1	9	8	3	2	4	5	7	6
5	3	6	7	9	1	8	4	2
7	5	9	4	8	6	2	3	1
8	1	2	9	7	3	6	5	4
4	6	3	5	1	2	9	8	7

16.

3	4	5	1	9	8	2	6	7
2	7	9	5	6	3	1	4	8
1	8	6	4	2	7	9	5	3
5	6	4	8	7	9	3	2	1
9	2	8	3	4	1	5	7	6
7	3	1	6	5	2	4	8	9
6	1	2	9	8	4	7	3	5
4	5	3	7	1	6	8	9	2
8	9	7	2	3	5	6	1	4

17.

6	8	4	7	1	3	2	5	9
9	2	7	5	4	8	6	3	1
5	1	3	6	2	9	4	7	8
7	3	1	8	9	6	5	4	2
8	4	6	1	5	2	7	9	3
2	9	5	3	7	4	8	1	6
4	5	9	2	8	1	3	6	7
1	6	2	4	3	7	9	8	5
3	7	8	9	6	5	1	2	4

18.

8	6	5	4	7	9	2	1	3
1	9	2	3	8	6	4	7	5
3	4	7	2	5	1	9	8	6
6	2	1	7	9	8	3	5	4
7	3	4	6	2	5	1	9	8
9	5	8	1	4	3	6	2	7
2	1	3	8	6	7	5	4	9
5	8	6	9	1	4	7	3	2
4	7	9	5	3	2	8	6	1

19.

2	3	6	8	7	1	4	9	5
1	5	9	6	4	3	8	7	2
8	7	4	5	2	9	1	6	3
6	1	5	7	8	2	3	4	9
9	4	2	3	1	5	6	8	7
7	8	3	9	6	4	5	2	1
4	9	1	2	3	6	7	5	8
3	2	8	4	5	7	9	1	6
5	6	7	1	9	8	2	3	4

20.

6	5	4	3	2	1	8	9	7
7	2	3	6	8	9	5	4	1
8	9	1	4	5	7	3	6	2
2	6	7	8	4	3	9	1	5
1	3	9	7	6	5	4	2	8
4	8	5	1	9	2	6	7	3
5	4	8	2	7	6	1	3	9
3	7	6	9	1	8	2	5	4
9	1	2	5	3	4	7	8	6

21.

7	8	1	4	9	5	2	3	6
5	3	2	6	7	8	9	4	1
9	6	4	2	1	3	7	5	8
2	4	9	8	3	7	6	1	5
1	7	8	5	6	9	4	2	3
3	5	6	1	2	4	8	7	9
8	9	3	7	5	2	1	6	4
6	2	5	9	4	1	3	8	7
4	1	7	3	8	6	5	9	2

22.

5	8	7	1	6	4	2	9	3
1	9	3	8	7	2	5	4	6
6	2	4	9	3	5	8	1	7
9	7	2	6	4	1	3	5	8
8	3	6	7	5	9	1	2	4
4	1	5	3	2	8	7	6	9
2	5	9	4	8	3	6	7	1
7	4	8	2	1	6	9	3	5
3	6	1	5	9	7	4	8	2

23.

2	5	8	9	6	4	3	7	1
3	1	6	2	8	7	5	9	4
7	4	9	1	5	3	8	2	6
9	3	2	5	4	1	7	6	8
1	8	4	7	9	6	2	5	3
5	6	7	3	2	8	1	4	9
4	7	1	6	3	5	9	8	2
8	2	5	4	1	9	6	3	7
6	9	3	8	7	2	4	1	5

24.

3	7	2	4	1	6	8	9	5
9	8	5	2	3	7	1	4	6
4	1	6	8	5	9	7	2	3
5	3	9	6	4	8	2	7	1
2	4	7	5	9	1	3	6	8
8	6	1	7	2	3	4	5	9
7	5	8	3	6	4	9	1	2
6	9	4	1	8	2	5	3	7
1	2	3	9	7	5	6	8	4

25.

8	6	3	7	5	4	1	9	2
2	5	4	9	8	1	6	3	7
1	9	7	6	3	2	8	5	4
7	4	9	5	1	6	2	8	3
3	2	1	8	9	7	4	6	5
6	8	5	4	2	3	7	1	9
5	1	8	2	4	9	3	7	6
9	7	2	3	6	8	5	4	1
4	3	6	1	7	5	9	2	8

26.

1	5	8	9	2	6	3	7	4
6	7	3	5	8	4	9	2	1
9	2	4	1	3	7	5	6	8
7	4	9	8	1	3	2	5	6
3	8	1	2	6	5	7	4	9
5	6	2	4	7	9	8	1	3
8	9	5	6	4	2	1	3	7
2	3	6	7	9	1	4	8	5
4	1	7	3	5	8	6	9	2

27.

9	1	2	3	8	7	4	6	5
5	7	6	1	4	9	3	8	2
4	3	8	2	6	5	7	9	1
6	2	5	4	7	8	9	1	3
1	8	9	6	2	3	5	4	7
3	4	7	5	9	1	6	2	8
8	6	4	7	3	2	1	5	9
7	9	1	8	5	6	2	3	4
2	5	3	9	1	4	8	7	6

28.

9	2	8	1	3	4	7	6	5
3	5	6	7	2	9	4	8	1
7	4	1	5	8	6	9	2	3
2	9	3	4	5	7	8	1	6
1	8	5	6	9	2	3	4	7
4	6	7	3	1	8	2	5	9
5	3	4	8	7	1	6	9	2
8	7	2	9	6	5	1	3	4
6	1	9	2	4	3	5	7	8

29.

7	3	2	4	5	8	6	9	1
9	8	5	2	6	1	7	4	3
6	1	4	7	9	3	2	5	8
3	4	1	6	8	5	9	2	7
2	6	9	1	7	4	8	3	5
5	7	8	9	3	2	1	6	4
8	2	7	5	4	9	3	1	6
4	9	3	8	1	6	5	7	2
1	5	6	3	2	7	4	8	9

30.

5	4	1	7	3	8	6	9	2
3	2	7	6	9	5	8	4	1
9	8	6	4	1	2	5	3	7
2	7	5	3	4	6	9	1	8
1	3	9	8	5	7	4	2	6
8	6	4	9	2	1	7	5	3
7	1	2	5	6	4	3	8	9
4	9	8	2	7	3	1	6	5
6	5	3	1	8	9	2	7	4

31.

2	7	5	4	3	6	8	1	9
8	4	1	9	7	5	6	2	3
6	9	3	1	2	8	4	5	7
3	1	4	2	5	7	9	8	6
7	5	6	8	9	3	1	4	2
9	8	2	6	1	4	3	7	5
4	2	7	3	8	9	5	6	1
1	3	8	5	6	2	7	9	4
5	6	9	7	4	1	2	3	8

32.

5	2	3	6	8	4	9	7	1
7	1	6	9	2	5	8	3	4
8	9	4	3	7	1	2	5	6
1	7	5	2	9	8	4	6	3
6	8	9	7	4	3	1	2	5
4	3	2	5	1	6	7	9	8
9	5	1	4	6	2	3	8	7
3	4	7	8	5	9	6	1	2
2	6	8	1	3	7	5	4	9

33.

4	8	9	2	3	5	7	1	6
3	7	5	6	1	9	2	4	8
6	1	2	8	4	7	9	5	3
5	4	3	7	6	8	1	2	9
2	6	1	9	5	4	8	3	7
7	9	8	3	2	1	5	6	4
9	5	6	1	8	3	4	7	2
1	2	7	4	9	6	3	8	5
8	3	4	5	7	2	6	9	1

34.

3	1	8	7	4	5	6	9	2
5	9	7	1	6	2	4	3	8
2	6	4	9	3	8	5	1	7
4	2	1	3	5	6	8	7	9
6	5	9	8	7	1	3	2	4
8	7	3	4	2	9	1	6	5
1	4	5	2	9	3	7	8	6
7	3	2	6	8	4	9	5	1
9	8	6	5	1	7	2	4	3

35.

4	1	8	7	2	3	5	9	6
7	2	5	4	6	9	3	1	8
9	6	3	1	5	8	4	2	7
2	4	6	5	9	7	1	8	3
3	5	7	8	1	4	9	6	2
8	9	1	6	3	2	7	5	4
6	3	9	2	4	5	8	7	1
5	7	2	3	8	1	6	4	9
1	8	4	9	7	6	2	3	5

36.

5	7	2	6	8	3	4	9	1
9	6	3	1	4	7	5	2	8
1	4	8	2	9	5	7	6	3
4	2	9	8	5	6	3	1	7
8	1	7	4	3	2	9	5	6
6	3	5	7	1	9	8	4	2
3	8	6	5	2	4	1	7	9
2	5	1	9	7	8	6	3	4
7	9	4	3	6	1	2	8	5

37.

5	4	3	2	1	9	6	8	7
1	2	8	4	7	6	3	9	5
6	9	7	8	5	3	4	2	1
7	8	6	3	4	1	2	5	9
3	5	9	6	8	2	1	7	4
2	1	4	7	9	5	8	3	6
8	6	5	1	2	7	9	4	3
9	3	2	5	6	4	7	1	8
4	7	1	9	3	8	5	6	2

38.

4	5	3	2	9	1	6	8	7
2	1	8	3	6	7	4	9	5
9	6	7	8	4	5	3	2	1
8	7	6	4	1	3	2	5	9
5	3	9	6	2	8	1	7	4
1	2	4	7	5	9	8	3	6
6	8	5	1	7	2	9	4	3
3	9	1	5	8	4	7	6	2
7	4	2	9	3	6	5	1	8

39.

2	4	9	8	7	3	5	1	6
1	7	6	5	4	9	2	8	3
8	3	5	6	1	2	7	9	4
5	9	7	2	6	1	4	3	8
3	6	8	4	5	7	1	2	9
4	1	2	3	9	8	6	5	7
7	5	1	9	3	4	8	6	2
6	2	3	7	8	5	9	4	1
9	8	4	1	2	6	3	7	5

40.

8	2	3	4	7	5	9	6	1
1	4	6	2	8	9	5	7	3
9	7	5	6	1	3	8	4	2
4	3	1	7	5	2	6	9	8
2	5	8	9	6	1	4	3	7
6	9	7	8	3	4	1	2	5
3	8	4	5	9	7	2	1	6
5	1	2	3	4	6	7	8	9
7	6	9	1	2	8	3	5	4

41.

9	4	6	7	1	3	2	5	8
5	1	8	4	2	6	7	3	9
2	3	7	5	8	9	4	1	6
6	8	9	3	5	4	1	7	2
4	7	5	2	9	1	8	6	3
3	2	1	8	6	7	5	9	4
1	5	4	6	3	8	9	2	7
7	9	3	1	4	2	6	8	5
8	6	2	9	7	5	3	4	1

42.

1	9	4	6	7	2	8	3	5
2	8	7	5	1	3	9	4	6
5	6	3	8	9	4	7	1	2
3	5	6	1	4	7	2	9	8
8	4	2	9	6	5	1	7	3
9	7	1	2	3	8	6	5	4
7	2	5	3	8	1	4	6	9
4	3	9	7	2	6	5	8	1
6	1	8	4	5	9	3	2	7

43.

4	7	6	2	9	1	5	3	8
8	3	9	5	6	4	1	2	7
2	1	5	3	7	8	6	4	9
7	8	3	4	5	9	2	6	1
6	9	4	8	1	2	7	5	3
5	2	1	6	3	7	9	8	4
1	4	2	7	8	5	3	9	6
9	6	8	1	2	3	4	7	5
3	5	7	9	4	6	8	1	2

44.

4	3	8	6	9	5	7	2	1
1	9	7	3	4	2	5	8	6
6	2	5	8	1	7	4	3	9
7	8	3	4	2	9	1	6	5
5	6	4	1	7	8	3	9	2
2	1	9	5	3	6	8	4	7
8	7	6	9	5	3	2	1	4
3	4	2	7	6	1	9	5	8
9	5	1	2	8	4	6	7	3

45.

7	8	9	1	4	2	5	6	3
2	3	1	6	9	5	7	4	8
4	6	5	7	8	3	2	1	9
1	9	4	5	2	6	8	3	7
8	7	3	9	1	4	6	5	2
6	5	2	3	7	8	4	9	1
3	4	8	2	6	9	1	7	5
9	1	6	8	5	7	3	2	4
5	2	7	4	3	1	9	8	6

46.

4	5	6	9	3	2	7	1	8
7	1	9	8	5	6	3	4	2
8	2	3	7	1	4	9	5	6
5	9	7	1	4	8	6	2	3
3	6	8	5	2	9	4	7	1
2	4	1	6	7	3	8	9	5
9	3	4	2	6	1	5	8	7
6	7	2	4	8	5	1	3	9
1	8	5	3	9	7	2	6	4

47.

4	1	9	8	2	6	7	5	3
7	5	6	9	4	3	8	2	1
2	3	8	1	7	5	6	9	4
8	9	7	4	3	1	2	6	5
6	4	3	2	5	8	1	7	9
5	2	1	7	6	9	3	4	8
1	7	2	5	8	4	9	3	6
3	8	5	6	9	7	4	1	2
9	6	4	3	1	2	5	8	7

48.

4	8	7	6	9	1	5	2	3
3	9	5	4	2	8	1	6	7
6	1	2	7	3	5	9	4	8
9	2	4	3	1	6	8	7	5
8	7	3	9	5	2	6	1	4
5	6	1	8	7	4	2	3	9
1	4	6	5	8	7	3	9	2
7	5	9	2	6	3	4	8	1
2	3	8	1	4	9	7	5	6

49.

1	8	9	6	5	2	4	7	3
7	3	4	1	9	8	2	5	6
5	6	2	4	7	3	8	1	9
4	1	3	8	6	5	9	2	7
8	5	7	2	1	9	3	6	4
9	2	6	7	3	4	5	8	1
2	7	8	9	4	1	6	3	5
6	4	5	3	8	7	1	9	2
3	9	1	5	2	6	7	4	8

50.

2	5	4	9	7	6	3	8	1
3	6	9	1	4	8	2	7	5
8	1	7	2	5	3	9	6	4
5	9	6	8	1	2	7	4	3
4	2	1	5	3	7	6	9	8
7	3	8	4	6	9	5	1	2
6	8	5	3	9	1	4	2	7
1	7	3	6	2	4	8	5	9
9	4	2	7	8	5	1	3	6

51.

4	5	1	2	9	6	7	3	8
9	7	3	8	5	4	2	6	1
6	8	2	7	3	1	9	5	4
8	1	6	9	4	2	3	7	5
7	2	5	6	1	3	8	4	9
3	9	4	5	8	7	6	1	2
2	6	8	1	7	5	4	9	3
1	3	9	4	6	8	5	2	7
5	4	7	3	2	9	1	8	6

52.

4	5	2	8	9	7	3	6	1
3	1	9	6	5	4	2	8	7
6	7	8	2	3	1	4	9	5
1	8	3	4	7	2	6	5	9
7	9	5	3	8	6	1	2	4
2	6	4	9	1	5	7	3	8
8	4	1	5	2	3	9	7	6
5	2	6	7	4	9	8	1	3
9	3	7	1	6	8	5	4	2

53.

1	7	5	2	3	9	8	6	4
2	4	9	5	6	8	7	1	3
3	8	6	7	4	1	2	9	5
9	1	7	4	5	2	3	8	6
5	3	8	9	1	6	4	7	2
4	6	2	8	7	3	9	5	1
6	2	4	1	9	7	5	3	8
8	9	1	3	2	5	6	4	7
7	5	3	6	8	4	1	2	9

54.

6	9	1	8	4	2	3	5	1
5	8	2	7	3	9	6	4	1
7	4	3	5	6	1	2	9	8
4	6	8	2	1	7	5	3	9
1	5	7	6	9	3	4	8	2
3	2	9	4	5	8	7	1	6
2	7	5	9	8	4	1	6	3
8	1	6	3	7	5	9	2	4
9	3	4	1	2	6	8	7	5

55.

9	3	7	4	2	6	8	1	5
5	4	8	9	7	1	2	3	6
2	1	6	8	5	3	9	7	4
8	2	4	1	6	7	3	5	9
3	6	9	2	8	5	1	4	7
1	7	5	3	4	9	6	2	8
7	8	2	6	1	4	5	9	3
6	5	3	7	9	2	4	8	1
4	9	1	5	3	8	7	6	2

56.

3	8	7	1	9	5	6	4	2
5	9	4	8	2	6	1	7	3
2	6	1	7	3	4	5	8	9
1	3	2	5	8	9	7	6	4
7	4	8	6	1	2	3	9	5
9	5	6	3	4	7	8	2	1
6	2	5	9	7	1	4	3	8
4	7	3	2	5	8	9	1	6
8	1	9	4	6	3	2	5	7

57.

3	2	5	4	7	6	8	1	9
7	4	8	9	1	5	3	6	2
1	6	9	3	2	8	5	7	4
2	5	4	6	9	3	1	8	7
6	9	7	2	8	1	4	3	5
8	3	1	5	4	7	9	2	6
9	8	6	1	5	2	7	4	3
4	7	3	8	6	9	2	5	1
5	1	2	7	3	4	6	9	8

58.

8	7	4	5	6	9	1	2	3
5	3	1	2	8	7	4	6	9
9	6	2	4	3	1	8	7	5
2	9	7	3	1	4	6	5	8
1	5	6	8	9	2	7	3	4
4	8	3	6	7	5	2	9	1
3	1	9	7	4	6	5	8	2
7	4	5	9	2	8	3	1	6
6	2	8	1	5	3	9	4	7

59.

3	7	6	1	9	4	2	8	5
8	5	9	6	2	3	7	4	1
1	4	2	5	8	7	3	6	9
4	2	5	8	7	6	9	1	3
7	3	1	9	4	2	8	5	6
6	9	8	3	5	1	4	2	7
5	8	7	2	1	9	6	3	4
9	1	3	4	6	8	5	7	2
2	6	4	7	3	5	1	9	8

60.

4	5	9	1	6	7	3	8	2
7	8	2	5	9	3	6	4	1
6	1	3	4	8	2	9	5	7
8	3	1	6	4	5	2	7	9
2	9	4	7	3	8	1	6	5
5	6	7	2	1	9	4	3	8
9	7	6	8	2	4	5	1	3
1	2	8	3	5	6	7	9	4
3	4	5	9	7	1	8	2	6

61.

8	7	1	9	5	2	4	3	6
6	9	2	3	8	4	1	7	5
4	5	3	6	1	7	2	9	8
1	2	6	5	4	3	9	8	7
7	3	8	1	6	9	5	4	2
9	4	5	7	2	8	6	1	3
5	8	9	4	3	6	7	2	1
2	1	7	8	9	5	3	6	4
3	6	4	2	7	1	8	5	9

62.

5	7	6	1	2	3	9	4	8
9	2	8	6	4	5	7	1	3
1	4	3	7	8	9	2	5	6
3	8	7	9	1	4	5	6	2
2	6	5	3	7	8	4	9	1
4	1	9	5	6	2	8	3	7
8	3	4	2	9	6	1	7	5
6	9	1	8	5	7	3	2	4
7	5	2	4	3	1	6	8	9

63.

5	2	9	4	3	7	8	1	6
4	8	6	5	1	2	3	9	7
7	3	1	8	9	6	5	2	4
2	1	5	9	8	4	7	6	3
9	4	7	3	6	5	1	8	2
3	6	8	2	7	1	4	5	9
6	9	4	7	5	8	2	3	1
1	5	2	6	4	3	9	7	8
8	7	3	1	2	9	6	4	5

64.

4	3	6	1	9	8	2	5	7
7	2	9	5	6	4	1	3	8
5	1	8	7	2	3	4	9	6
2	5	7	8	4	6	3	1	9
9	4	1	3	7	5	6	8	2
6	8	3	2	1	9	7	4	5
1	6	5	4	8	7	9	2	3
3	9	4	6	5	2	8	7	1
8	7	2	9	3	1	5	6	4

65.

9	8	1	6	4	2	5	7	3
7	5	3	1	8	9	6	4	2
6	4	2	5	3	7	8	9	1
3	9	5	7	2	1	4	6	8
1	6	4	9	5	8	2	3	7
2	7	8	3	6	4	1	5	9
4	1	9	2	7	6	3	8	5
8	3	7	4	1	5	9	2	6
5	2	6	8	9	3	7	1	4

66.

1	6	5	3	4	8	7	9	2
4	9	2	7	1	5	3	6	8
7	8	3	9	6	2	5	1	4
9	2	6	8	5	4	1	3	7
3	4	8	1	9	7	2	5	6
5	7	1	2	3	6	8	4	9
8	5	9	6	7	1	4	2	3
6	1	7	4	2	3	9	8	5
2	3	4	5	8	9	6	7	1

67.

1	6	3	2	9	8	5	7	4
9	5	8	7	4	6	2	3	1
7	2	4	1	5	3	9	8	6
3	4	1	5	6	9	7	2	8
8	7	5	4	2	1	6	9	3
6	9	2	3	8	7	1	4	5
4	3	6	9	7	5	8	1	2
2	8	9	6	1	4	3	5	7
5	1	7	8	3	2	4	6	9

68.

1	8	9	3	7	4	2	5	6
6	3	2	5	8	9	7	4	1
7	4	5	1	2	6	8	3	9
3	5	7	6	1	2	4	9	8
2	1	4	8	9	5	3	6	7
8	9	6	4	3	7	1	2	5
5	7	3	9	4	8	6	1	2
4	6	8	2	5	1	9	7	3
9	2	1	7	6	3	5	8	4

69.

7	5	8	9	6	3	4	1	2
2	4	6	1	8	5	9	3	7
1	3	9	4	7	2	8	5	6
4	8	5	7	2	1	6	9	3
6	7	1	3	4	9	5	2	8
3	9	2	8	5	6	1	7	4
9	1	7	6	3	4	2	8	5
8	2	4	5	9	7	3	6	1
5	6	3	2	1	8	7	4	9

70.

5	2	9	7	1	8	6	4	3
1	6	7	2	3	4	5	9	8
3	4	8	5	9	6	2	7	1
8	5	4	6	7	3	9	1	2
7	3	2	9	4	1	8	6	5
6	9	1	8	5	2	4	3	7
9	1	3	4	2	5	7	8	6
4	8	5	3	6	7	1	2	9
2	7	6	1	8	9	3	5	4

71.

2	4	7	9	8	1	3	6	5
1	5	3	2	6	7	8	9	4
8	9	6	3	4	5	1	2	7
3	6	4	8	7	9	5	1	2
5	1	8	4	2	3	6	7	9
7	2	9	1	5	6	4	8	3
4	7	1	6	3	2	9	5	8
6	8	2	5	9	4	7	3	1
9	3	5	7	1	8	2	4	6

72.

5	2	8	6	4	1	3	9	7
1	4	6	3	7	9	2	8	5
3	9	7	8	2	5	1	6	4
8	6	2	5	9	4	7	3	1
7	3	4	1	8	2	6	5	9
9	1	5	7	6	3	4	2	8
6	7	1	9	3	8	5	4	2
4	8	3	2	5	7	9	1	6
2	5	9	4	1	6	8	7	3

73.

3	5	7	8	1	6	9	2	4
1	2	6	9	7	4	8	5	3
9	4	8	2	5	3	6	1	7
4	8	5	3	9	7	1	6	2
6	1	9	4	2	8	7	3	5
7	3	2	1	6	5	4	9	8
5	6	4	7	3	1	2	8	9
8	9	3	6	4	2	5	7	1
2	7	1	5	8	9	3	4	6

74.

3	8	9	1	2	7	4	5	6
2	5	7	6	8	4	1	9	3
6	4	1	3	5	9	7	8	2
8	1	6	9	4	3	2	7	5
9	3	5	2	7	8	6	4	1
4	7	2	5	6	1	8	3	9
5	2	8	7	3	6	9	1	4
1	6	4	8	9	5	3	2	7
7	9	3	4	1	2	5	6	8

75.

7	2	3	6	4	8	1	9	5
9	1	4	5	7	2	6	8	3
8	5	6	1	3	9	4	7	2
3	4	9	7	5	6	8	2	1
6	7	5	8	2	1	9	3	4
2	8	1	4	9	3	7	5	6
1	3	8	9	6	5	2	4	7
5	9	7	2	1	4	3	6	8
4	6	2	3	8	7	5	1	9

76.

8	4	7	5	3	6	9	1	2
3	2	6	7	9	1	5	4	8
5	1	9	4	8	2	7	3	6
6	5	4	1	2	7	3	8	9
9	3	1	8	5	4	6	2	7
7	8	2	3	6	9	4	5	1
4	6	5	2	7	8	1	9	3
1	9	8	6	4	3	2	7	5
2	7	3	9	1	5	8	6	4

77.

4	9	3	7	1	2	6	8	5
8	1	6	3	9	5	4	2	7
7	5	2	8	6	4	3	9	1
3	2	9	4	7	6	5	1	8
6	4	1	5	2	8	9	7	3
5	8	7	1	3	9	2	6	4
9	3	8	2	4	7	1	5	6
2	7	4	6	5	1	8	3	9
1	6	5	9	8	3	7	4	2

78.

7	9	1	6	4	2	8	5	3
4	8	2	3	1	5	6	9	7
6	5	3	9	8	7	4	2	1
3	7	5	2	6	1	9	8	4
2	6	9	4	7	8	3	1	5
1	4	8	5	9	3	7	6	2
9	3	4	1	5	6	2	7	8
8	1	6	7	2	4	5	3	9
5	2	7	8	3	9	1	4	6

79.

1	4	3	7	6	2	9	5	8
6	8	2	5	9	4	1	3	7
9	5	7	1	8	3	2	6	4
5	3	6	2	1	7	4	8	9
7	9	4	3	5	8	6	1	2
2	1	8	9	4	6	5	7	3
8	2	1	4	3	5	7	9	6
3	7	9	6	2	1	8	4	5
4	6	5	8	7	9	3	2	1

80.

8	2	7	1	5	4	6	3	9
6	3	4	9	7	2	5	1	8
5	1	9	8	3	6	7	4	2
4	8	3	5	6	9	2	7	1
9	6	1	7	2	8	3	5	4
2	7	5	4	1	3	8	9	6
3	9	2	6	4	5	1	8	7
1	4	6	3	8	7	9	2	5
7	5	8	2	9	1	4	6	3

81.

6	1	2	8	7	9	5	4	3
3	7	8	5	4	1	2	6	9
4	5	9	6	2	3	7	8	1
9	2	6	4	1	7	3	5	8
5	3	1	9	8	6	4	2	7
8	4	7	2	3	5	9	1	6
7	8	3	1	5	4	6	9	2
1	6	5	3	9	2	8	7	4
2	9	4	7	6	8	1	3	5

82.

9	8	7	2	5	3	1	6	4
3	5	4	7	6	1	8	2	9
6	1	2	4	8	9	7	5	3
2	3	1	8	9	4	6	7	5
7	4	5	3	1	6	9	8	2
8	9	6	5	7	2	3	4	1
1	7	9	6	4	5	2	3	8
4	2	8	1	3	7	5	9	6
5	6	3	9	2	8	4	1	7

83.

3	7	1	2	4	5	8	9	6
8	5	6	1	9	7	2	4	3
2	9	4	8	3	6	7	5	1
4	1	3	9	5	2	6	7	8
9	2	7	6	8	3	4	1	5
6	8	5	7	1	4	9	3	2
7	6	9	3	2	1	5	8	4
5	3	2	4	7	8	1	6	9
1	4	8	5	6	9	3	2	7

84.

7	1	4	6	5	3	8	9	2
8	2	3	9	1	4	7	6	5
9	6	5	7	8	2	1	4	3
2	3	8	1	4	5	9	7	6
5	7	9	8	2	6	3	1	4
6	4	1	3	9	7	2	5	8
4	9	7	5	3	8	6	2	1
1	8	2	4	6	9	5	3	7
3	5	6	2	7	1	4	8	9

85.

3	9	1	8	7	6	4	2	5
4	6	8	5	2	9	7	1	3
5	2	7	3	4	1	9	6	8
9	1	3	7	6	5	8	4	2
7	4	2	1	8	3	5	9	6
8	5	6	4	9	2	1	3	7
2	8	9	6	1	7	3	5	4
1	7	5	2	3	4	6	8	9
6	3	4	9	5	8	2	7	1

86.

2	9	3	8	1	7	6	4	5
7	4	1	6	3	5	9	8	2
5	8	6	9	2	4	7	3	1
3	6	2	5	7	1	8	9	4
1	5	8	3	4	9	2	6	7
9	7	4	2	6	8	5	1	3
4	1	9	7	5	6	3	2	8
6	3	7	1	8	2	4	5	9
8	2	5	4	9	3	1	7	6

87.

2	4	7	9	6	1	3	8	5
1	5	3	2	8	7	6	9	4
8	9	6	3	4	5	1	2	7
3	6	9	8	7	4	5	1	2
5	1	8	6	2	3	4	7	9
4	7	2	1	5	9	8	3	6
7	8	4	5	3	2	9	6	1
6	2	1	4	9	8	7	5	3
9	3	5	7	1	6	2	4	8

88.

7	6	9	8	1	3	2	5	4
3	5	4	9	7	2	8	1	6
2	8	1	4	6	5	7	3	9
9	2	3	1	5	8	6	4	7
5	7	6	3	4	9	1	2	8
1	4	8	7	2	6	5	9	3
6	1	7	5	3	4	9	8	2
8	3	2	6	9	1	4	7	5
4	9	5	2	8	7	3	6	1

89.

4	1	7	8	9	3	5	2	6
3	2	8	6	7	5	4	1	9
5	6	9	4	1	2	8	7	3
1	8	6	5	2	4	9	3	7
9	7	3	1	6	8	2	4	5
2	4	5	7	3	9	1	6	8
7	5	1	2	8	6	3	9	4
8	3	2	9	4	7	6	5	1
6	9	4	3	5	1	7	8	2

90.

8	7	9	6	1	2	3	4	5
6	4	5	9	3	8	7	2	1
1	3	2	4	7	5	9	8	6
3	9	1	8	5	4	6	7	2
7	2	8	3	6	1	5	9	4
4	5	6	2	9	7	8	1	3
9	1	7	5	4	6	2	3	8
2	6	3	1	8	9	4	5	7
5	8	4	7	2	3	1	6	9

91.

4	8	9	5	2	6	3	7	1
7	1	6	4	3	8	2	9	5
3	5	2	1	9	7	8	6	4
9	2	5	3	7	1	4	8	6
1	4	7	8	6	9	5	3	2
6	3	8	2	4	5	9	1	7
2	7	4	6	8	3	1	5	9
5	9	3	7	1	2	6	4	8
8	6	1	9	5	4	7	2	3

92.

4	5	7	9	2	1	8	3	6
3	2	1	7	6	8	4	9	5
8	6	9	5	4	3	2	1	7
2	1	5	6	8	4	3	7	9
7	4	6	3	9	2	5	8	1
9	3	8	1	5	7	6	4	2
5	9	3	8	7	6	1	2	4
6	8	2	4	1	9	7	5	3
1	7	4	2	3	5	9	6	8

93.

6	9	4	3	1	2	7	5	8
7	8	3	5	4	9	6	1	2
5	1	2	6	8	7	3	4	9
1	5	8	2	7	6	4	9	3
9	4	7	1	5	3	8	2	6
2	3	6	4	9	8	1	7	5
8	7	1	9	3	5	2	6	4
4	6	9	8	2	1	5	3	7
3	2	5	7	6	4	9	8	1

94.

1	9	3	7	6	5	2	4	8
6	2	4	9	1	8	5	7	3
5	8	7	4	2	3	1	6	9
4	7	5	3	8	6	9	1	2
3	1	9	2	5	4	7	8	6
8	6	2	1	7	9	3	5	4
2	4	8	5	9	7	6	3	1
7	3	1	6	4	2	8	9	5
9	5	6	8	3	1	4	2	7

95.

4	3	2	5	9	8	6	7	1
5	8	7	3	1	6	9	4	2
6	1	9	4	2	7	8	3	5
9	7	6	1	5	3	2	8	4
1	4	8	9	6	2	7	5	3
2	5	3	8	7	4	1	6	9
7	6	1	2	3	5	4	9	8
8	9	5	7	4	1	3	2	6
3	2	4	6	8	9	5	1	7

96.

5	7	1	4	2	8	9	6	3
2	4	6	5	3	9	1	7	8
9	3	8	6	7	1	4	5	2
4	1	5	7	8	3	2	9	6
6	2	7	1	9	4	3	8	5
3	8	9	2	6	5	7	4	1
8	9	4	3	1	6	5	2	7
1	6	2	9	5	7	8	3	4
7	5	3	8	4	2	6	1	9

97.

5	9	8	3	2	6	1	4	7
3	7	1	4	5	9	2	6	8
4	6	2	7	1	8	3	5	9
9	8	5	2	4	3	7	1	6
2	4	6	9	7	1	5	8	3
7	1	3	6	8	5	9	2	4
6	5	9	8	3	2	4	7	1
1	3	7	5	6	4	8	9	2
8	2	4	1	9	7	6	3	5

98.

2	7	9	6	5	3	4	8	1
4	1	6	2	7	8	3	9	5
5	3	8	9	4	1	6	2	7
3	9	1	7	8	6	2	5	4
7	5	2	3	9	4	8	1	6
6	8	4	1	2	5	9	7	3
9	6	3	8	1	7	5	4	2
8	4	7	5	6	2	1	3	9
1	2	5	4	3	9	7	6	8

99.

7	1	9	4	8	2	6	3	5
2	5	8	1	3	6	4	9	7
3	4	6	5	9	7	1	2	8
9	3	1	2	7	5	8	6	4
8	2	4	9	6	1	7	5	3
5	6	7	3	4	8	9	1	2
4	7	2	6	1	3	5	8	9
6	8	3	7	5	9	2	4	1
1	9	5	8	2	4	3	7	6

100.

4	8	7	9	3	1	6	2	5
3	6	2	5	8	7	1	4	9
9	5	1	2	4	6	3	7	8
5	3	6	7	9	4	2	8	1
1	9	4	8	2	5	7	6	3
7	2	8	1	6	3	5	9	4
2	4	3	6	5	8	9	1	7
8	7	9	3	1	2	4	5	6
6	1	5	4	7	9	8	3	2

101.

5	6	3	1	2	7	4	9	8
7	9	1	4	6	8	3	5	2
2	4	8	9	3	5	6	7	1
8	3	5	6	9	2	7	1	4
6	2	7	8	4	1	5	3	9
9	1	4	5	7	3	8	2	6
4	5	6	3	1	9	2	8	7
3	7	9	2	8	4	1	6	5
1	8	2	7	5	6	9	4	3

102.

1	9	4	7	3	6	8	2	5
8	2	6	5	1	4	7	9	3
3	5	7	8	9	2	4	1	6
4	1	5	3	2	8	6	7	9
2	8	3	6	7	9	1	5	4
7	6	9	4	5	1	3	8	2
5	4	1	9	6	7	2	3	8
9	7	8	2	4	3	5	6	1
6	3	2	1	8	5	9	4	7

103.

9	4	6	7	1	2	3	8	5
2	5	1	8	3	4	6	9	7
3	7	8	9	5	6	1	2	4
6	9	2	3	7	5	8	4	1
7	3	5	4	8	1	9	6	2
1	8	4	2	6	9	7	5	3
5	1	3	6	4	8	2	7	9
8	2	7	5	9	3	4	1	6
4	6	9	1	2	7	5	3	8

104.

4	5	2	1	3	8	6	7	9
7	8	9	6	4	2	1	5	3
6	1	3	9	7	5	8	2	4
5	9	7	4	1	3	2	6	8
1	6	4	2	8	9	5	3	7
2	3	8	5	6	7	4	9	1
3	2	6	8	9	4	7	1	5
8	7	5	3	2	1	9	4	6
9	4	1	7	5	6	3	8	2

105.

5	4	1	2	6	8	9	3	7
8	9	7	5	3	4	6	2	1
3	2	6	1	9	7	8	4	5
9	1	5	7	2	6	3	8	4
6	8	2	3	4	1	5	7	9
7	3	4	9	8	5	2	1	6
2	5	9	4	7	3	1	6	8
1	7	8	6	5	2	4	9	3
4	6	3	8	1	9	7	5	2

106.

6	2	5	4	1	8	9	3	7
3	4	1	7	9	5	2	6	8
7	8	9	2	6	3	1	4	5
9	5	2	6	7	1	4	8	3
4	7	3	8	5	9	6	2	1
8	1	6	3	2	4	5	7	9
5	6	8	1	4	7	3	9	2
2	9	7	5	3	6	8	1	4
1	3	4	9	8	2	7	5	6

107.

4	8	6	7	1	3	2	9	5
1	2	7	9	6	5	4	8	3
9	3	5	8	4	2	6	1	7
7	4	8	5	2	9	3	6	1
3	6	2	1	7	8	9	5	4
5	1	9	4	3	6	8	7	2
8	9	1	3	5	4	7	2	6
2	7	3	6	9	1	5	4	8
6	5	4	2	8	7	1	3	9

108.

5	9	1	7	2	4	6	8	3
3	7	4	6	8	9	5	2	1
2	8	6	3	5	1	9	7	4
1	2	9	5	4	3	8	6	7
8	4	7	9	6	2	3	1	5
6	3	5	1	7	8	2	4	9
9	5	2	4	1	6	7	3	8
4	6	3	8	9	7	1	5	2
7	1	8	2	3	5	4	9	6

109.

8	1	9	7	6	2	4	5	3
2	3	5	1	4	8	6	9	7
6	7	4	3	9	5	8	1	2
1	5	8	6	2	9	7	3	4
9	6	3	8	7	4	5	2	1
4	2	7	5	1	3	9	8	6
5	4	1	9	3	6	2	7	8
7	9	6	2	8	1	3	4	5
3	8	2	4	5	7	1	6	9

110.

8	9	5	3	4	1	2	6	7
7	6	4	8	2	9	5	3	1
3	2	1	6	5	7	9	8	4
1	5	9	7	8	4	6	2	3
2	7	3	1	6	5	4	9	8
4	8	6	2	9	3	1	7	5
9	1	2	4	7	8	3	5	6
6	4	7	5	3	2	8	1	9
5	3	8	9	1	6	7	4	2

111.

7	6	9	8	3	1	5	2	4
4	8	5	2	9	7	3	6	1
3	1	2	4	6	5	7	8	9
5	4	7	6	2	3	1	9	8
1	3	8	7	4	9	2	5	6
2	9	6	5	1	8	4	7	3
6	7	4	1	8	2	9	3	5
8	2	3	9	5	4	6	1	7
9	5	1	3	7	6	8	4	2

112.

9	7	3	1	2	5	6	8	4
2	8	6	9	3	4	1	7	5
4	5	1	6	8	7	3	9	2
3	1	2	4	7	9	5	6	8
8	6	7	2	5	3	9	4	1
5	9	4	8	6	1	7	2	3
7	3	9	5	4	2	8	1	6
1	4	8	3	9	6	2	5	7
6	2	5	7	1	8	4	3	9

113.

4	5	9	7	6	1	8	2	3
2	1	7	8	3	4	5	9	6
8	3	6	9	5	2	1	7	4
6	2	3	1	9	7	4	8	5
1	7	4	5	8	3	2	6	9
9	8	5	2	4	6	7	3	1
5	9	2	3	1	8	6	4	7
7	6	1	4	2	9	3	5	8
3	4	8	6	7	5	9	1	2

114.

4	7	3	6	2	8	5	9	1
8	6	9	4	1	5	7	3	2
5	2	1	9	7	3	6	4	8
6	3	4	7	8	2	1	5	9
2	9	5	3	4	1	8	6	7
1	8	7	5	9	6	4	2	3
7	1	6	2	3	4	9	8	5
9	4	2	8	5	7	3	1	6
3	5	8	1	6	9	2	7	4

115.

5	2	6	4	8	7	9	1	3
3	8	1	2	6	9	4	7	5
9	7	4	1	3	5	8	2	6
8	1	9	5	7	6	2	3	4
2	4	5	9	1	3	7	6	8
7	6	3	8	2	4	5	9	1
6	5	8	3	9	2	1	4	7
4	3	2	7	5	1	6	8	9
1	9	7	6	4	8	3	5	2

116.

5	4	7	8	3	9	1	2	6
8	1	9	4	2	6	5	7	3
6	2	3	1	5	7	4	9	8
2	8	6	7	4	3	9	1	5
1	9	5	6	8	2	3	4	7
7	3	4	9	1	5	8	6	2
4	6	1	5	7	8	2	3	9
9	5	2	3	6	4	7	8	1
3	7	8	2	9	1	6	5	4

117.

1	2	9	7	6	3	5	4	8
5	6	7	4	1	8	2	3	9
8	3	4	5	9	2	1	7	6
2	4	5	3	7	9	8	6	1
3	1	6	8	4	5	7	9	2
7	9	8	1	2	6	4	5	3
4	7	2	6	3	1	9	8	5
6	5	1	9	8	4	3	2	7
9	8	3	2	5	7	6	1	4

118.

2	7	1	6	8	9	3	4	5
4	9	6	1	5	3	2	8	7
5	8	3	4	2	7	1	6	9
7	1	8	9	4	5	6	3	2
6	4	9	8	3	2	5	7	1
3	2	5	7	1	6	8	9	4
9	3	2	5	7	8	4	1	6
1	5	7	3	6	4	9	2	8
8	6	4	2	9	1	7	5	3

119.

2	7	3	4	6	9	1	5	8
5	8	6	2	3	1	7	9	4
9	1	4	8	7	5	2	3	6
7	4	9	3	1	2	6	8	5
1	5	2	6	4	8	9	7	3
3	6	8	5	9	7	4	1	2
8	9	5	1	2	6	3	4	7
4	2	1	7	5	3	8	6	9
6	3	7	9	8	4	5	2	1

120.

4	5	1	8	3	7	2	9	6
6	3	8	9	2	1	5	4	7
7	2	9	6	5	4	3	8	1
1	8	2	5	7	6	4	3	9
3	4	5	2	1	9	7	6	8
9	7	6	4	8	3	1	5	2
5	1	3	7	9	8	6	2	4
8	6	7	3	4	2	9	1	5
2	9	4	1	6	5	8	7	3

121.

1	6	7	9	4	2	8	5	3
3	8	4	1	5	6	9	7	2
5	9	2	3	7	8	1	6	4
6	2	5	8	1	7	3	4	9
8	1	3	4	9	5	7	2	6
7	4	9	6	2	3	5	1	8
4	7	1	2	3	9	6	8	5
2	3	8	5	6	1	4	9	7
9	5	6	7	8	4	2	3	1

122.

9	3	1	7	8	2	4	6	5
8	4	5	1	9	6	3	7	2
6	2	7	3	4	5	1	9	8
2	7	8	6	5	3	9	1	4
4	5	9	8	7	1	2	3	6
1	6	3	9	2	4	8	5	7
7	1	6	2	3	8	5	4	9
3	8	4	5	6	9	7	2	1
5	9	2	4	1	7	6	8	3

123.

8	7	9	6	5	1	2	4	3
3	4	6	7	2	9	8	1	5
5	2	1	3	4	8	9	7	6
7	9	3	1	6	4	5	2	8
4	8	5	2	9	3	1	6	7
1	6	2	8	7	5	3	9	4
2	3	7	5	1	6	4	8	9
6	5	4	9	8	2	7	3	1
9	1	8	4	3	7	6	5	2

124.

4	2	9	1	3	7	5	8	6
8	3	1	9	6	5	2	7	4
5	7	6	4	8	2	1	3	9
1	9	3	5	7	4	6	2	8
7	5	8	6	2	3	9	4	1
2	6	4	8	9	1	7	5	3
9	1	7	2	4	8	3	6	5
6	8	2	3	5	9	4	1	7
3	4	5	7	1	6	8	9	2

125.

1	8	9	4	7	3	5	6	2
5	3	2	6	8	9	4	1	7
6	7	4	1	5	2	3	8	9
9	4	1	8	2	6	7	5	3
7	6	8	3	4	5	9	2	1
3	2	5	7	9	1	8	4	6
8	1	7	2	3	4	6	9	5
2	9	3	5	6	8	1	7	4
4	5	6	9	1	7	2	3	8

126.

4	9	3	1	5	8	2	6	7
8	7	6	2	9	3	5	4	1
1	2	5	4	6	7	8	3	9
2	5	4	8	3	9	1	7	6
3	6	8	7	2	1	4	9	5
7	1	9	6	4	5	3	2	8
9	8	2	5	7	4	6	1	3
5	4	7	3	1	6	9	8	2
6	3	1	9	8	2	7	5	4

127.

5	9	7	8	1	3	6	4	2
3	2	1	6	7	4	8	9	5
8	4	6	5	9	2	3	7	1
4	8	5	3	2	7	9	1	6
1	6	3	9	5	8	7	2	4
2	7	9	4	6	1	5	8	3
9	1	4	7	3	5	2	6	8
7	5	8	2	4	6	1	3	9
6	3	2	1	8	9	4	5	7

128.

8	6	4	7	9	2	1	3	5
9	7	5	4	3	1	6	8	2
2	1	3	5	6	8	4	9	7
4	3	9	6	1	7	2	5	8
6	5	8	2	4	3	7	1	9
7	2	1	9	8	5	3	6	4
3	4	6	8	7	9	5	2	1
5	9	7	1	2	6	8	4	3
1	8	2	3	5	4	9	7	6

129.

9	2	3	8	5	6	1	7	4
8	1	7	9	4	2	5	3	6
4	6	5	7	3	1	2	9	8
1	5	4	3	2	7	8	6	9
2	3	9	4	6	8	7	5	1
7	8	6	5	1	9	3	4	2
6	7	8	1	9	5	4	2	3
3	9	1	2	7	4	6	8	5
5	4	2	6	8	3	9	1	7

130.

8	4	9	6	5	7	1	2	3
2	6	1	8	9	3	7	5	4
7	5	3	2	1	4	8	6	9
9	7	5	4	6	2	3	1	8
3	2	4	1	8	9	5	7	6
6	1	8	3	7	5	9	4	2
4	9	2	7	3	1	6	8	5
5	8	7	9	4	6	2	3	1
1	3	6	5	2	8	4	9	7

131.

4	8	6	2	1	9	5	7	3
9	3	5	6	4	7	2	8	1
7	1	2	8	3	5	4	6	9
2	6	8	3	5	4	9	1	7
1	5	4	9	7	8	6	3	2
3	7	9	1	2	6	8	4	5
6	4	3	7	9	2	1	5	8
8	2	1	5	6	3	7	9	4
5	9	7	4	8	1	3	2	6

132.

2	1	3	6	8	9	7	4	5
9	8	5	7	2	4	1	3	6
7	6	4	3	5	1	8	9	2
6	9	1	2	7	3	4	5	8
5	3	7	9	4	8	2	6	1
4	2	8	5	1	6	9	7	3
8	7	6	1	9	5	3	2	4
3	4	2	8	6	7	5	1	9
1	5	9	4	3	2	6	8	7

133.

4	6	3	5	9	7	8	1	2
2	1	9	6	8	3	5	4	7
7	5	8	2	4	1	3	6	9
5	9	2	3	1	4	7	8	6
6	8	1	7	5	2	9	3	4
3	4	7	8	6	9	1	2	5
8	2	4	1	7	5	6	9	3
1	3	5	9	2	6	4	7	8
9	7	6	4	3	8	2	5	1

134.

7	1	2	5	4	6	9	8	3
5	9	8	2	3	1	4	6	7
4	6	3	9	7	8	1	2	5
8	3	7	4	1	5	2	9	6
9	4	6	7	8	2	5	3	1
2	5	1	3	6	9	8	7	4
6	2	4	1	9	7	3	5	8
1	7	9	8	5	3	6	4	2
3	8	5	6	2	4	7	1	9

135.

2	5	8	4	7	1	3	9	6
9	6	4	2	5	3	8	1	7
7	3	1	6	9	8	2	4	5
6	7	5	8	2	4	1	3	9
1	4	2	7	3	9	5	6	8
8	9	3	5	1	6	7	2	4
5	8	9	1	6	2	4	7	3
3	2	7	9	4	5	6	8	1
4	1	6	3	8	7	9	5	2

136.

7	1	3	5	4	2	9	8	6
6	9	5	3	7	8	1	4	2
4	2	8	9	1	6	3	7	5
8	6	2	7	3	9	4	5	1
1	7	9	4	6	5	8	2	3
5	3	4	8	2	1	7	6	9
3	8	6	2	9	4	5	1	7
9	4	1	6	5	7	2	3	8
2	5	7	1	8	3	6	9	4

137.

8	1	9	4	6	7	3	2	5
6	2	3	1	5	8	4	9	7
5	4	7	3	9	2	1	8	6
7	3	4	9	1	6	2	5	8
2	9	6	8	3	5	7	4	1
1	5	8	2	7	4	9	6	3
9	6	5	7	2	3	8	1	4
4	7	1	5	8	9	6	3	2
3	8	2	6	4	1	5	7	9

138.

8	6	2	9	1	7	3	5	4
4	5	9	6	3	2	8	1	7
3	7	1	4	8	5	9	6	2
7	4	6	2	5	3	1	9	8
2	9	8	7	6	1	5	4	3
5	1	3	8	4	9	2	7	6
9	3	7	5	2	4	6	8	1
1	8	4	3	9	6	7	2	5
6	2	5	1	7	8	4	3	9

139.

2	8	7	3	4	9	6	1	5
5	1	6	8	7	2	9	4	3
9	4	3	5	6	1	2	7	8
7	2	4	6	8	5	1	3	9
1	6	5	9	3	7	8	2	4
3	9	8	1	2	4	5	6	7
6	3	9	4	1	8	7	5	2
4	5	2	7	9	6	3	8	1
8	7	1	2	5	3	4	9	6

140.

6	4	3	1	9	8	2	5	7
8	2	1	7	5	6	3	9	4
9	7	5	4	2	3	8	6	1
3	9	6	8	1	2	7	4	5
1	8	7	5	4	9	6	3	2
4	5	2	3	6	7	1	8	9
7	1	8	9	3	4	5	2	6
5	6	4	2	8	1	9	7	3
2	3	9	6	7	5	4	1	8

141.

1	8	3	6	9	2	7	4	5
7	9	4	1	8	5	6	2	3
6	2	5	4	3	7	9	8	1
2	3	8	5	4	9	1	7	6
4	7	9	3	6	1	2	5	8
5	6	1	7	2	8	3	9	4
3	5	7	2	1	4	8	6	9
8	1	2	9	5	6	4	3	7
9	4	6	8	7	3	5	1	2

142.

6	7	3	1	9	5	4	2	8
4	9	1	8	3	2	6	5	7
2	8	5	6	4	7	9	1	3
9	4	6	5	7	3	2	8	1
5	1	2	4	8	6	7	3	9
8	3	7	9	2	1	5	4	6
1	5	9	2	6	8	3	7	4
7	2	4	3	1	9	8	6	5
3	6	8	7	5	4	1	9	2

143.

3	7	1	8	5	9	2	4	6
6	2	5	3	1	4	8	9	7
8	4	9	7	2	6	5	1	3
7	3	2	9	4	5	6	8	1
5	1	6	2	8	7	4	3	9
4	9	8	1	6	3	7	2	5
1	8	3	5	7	2	9	6	4
9	6	7	4	3	8	1	5	2
2	5	4	6	9	1	3	7	8

144.

7	5	3	4	2	9	1	6	8
2	6	1	3	8	7	9	5	4
4	8	9	6	5	1	7	3	2
6	2	4	5	7	8	3	1	9
1	9	7	2	4	3	6	8	5
5	3	8	1	9	6	4	2	7
3	4	2	7	6	5	8	9	1
8	1	5	9	3	4	2	7	6
9	7	6	8	1	2	5	4	3

145.

6	1	7	3	4	5	8	2	9
8	2	4	9	7	1	3	6	5
5	3	9	8	2	6	4	7	1
7	6	8	1	5	3	9	4	2
1	9	3	2	6	4	7	5	8
4	5	2	7	9	8	6	1	3
3	8	5	4	1	7	2	9	6
9	7	6	5	3	2	1	8	4
2	4	1	6	8	9	5	3	7

146.

2	9	1	7	6	4	3	8	5
6	4	8	3	5	2	9	1	7
3	5	7	1	9	8	6	2	4
7	3	6	5	2	9	1	4	8
5	8	9	6	4	1	7	3	2
4	1	2	8	3	7	5	9	6
1	2	4	9	7	5	8	6	3
8	7	3	4	1	6	2	5	9
9	6	5	2	8	3	4	7	1

147.

8	7	9	5	6	3	1	2	4
1	3	5	4	2	8	9	7	6
2	6	4	9	7	1	8	5	3
9	1	2	7	3	6	4	8	5
6	5	8	2	4	9	3	1	7
7	4	3	8	1	5	6	9	2
4	9	7	3	8	2	5	6	1
5	2	6	1	9	4	7	3	8
3	8	1	6	5	7	2	4	9

148.

3	9	4	6	5	7	1	8	2
6	2	7	1	3	8	5	4	9
8	1	5	9	2	4	6	3	7
9	4	8	2	6	3	7	1	5
1	5	6	4	7	9	3	2	8
7	3	2	8	1	5	4	9	6
4	6	3	5	9	2	8	7	1
2	7	1	3	8	6	9	5	4
5	8	9	7	4	1	2	6	3

149.

1	8	3	5	7	2	9	6	4
2	4	5	6	1	9	3	8	7
7	9	6	3	4	8	1	5	2
4	1	7	8	9	6	2	3	5
3	2	9	4	5	1	8	7	6
5	6	8	2	3	7	4	1	9
9	3	4	7	8	5	6	2	1
8	5	2	1	6	4	7	9	3
6	7	1	9	2	3	5	4	8

150.

1	6	3	9	4	2	5	7	8
7	5	4	8	3	1	2	9	6
9	2	8	5	7	6	3	4	1
3	1	6	4	2	9	7	8	5
4	7	2	1	5	8	9	6	3
8	9	5	3	6	7	1	2	4
5	4	9	7	8	3	6	1	2
2	3	1	6	9	4	8	5	7
6	8	7	2	1	5	4	3	9

151.

4	1	9	7	6	3	5	2	8
5	7	8	2	9	4	1	6	3
2	6	3	8	5	1	7	9	4
1	9	5	6	3	8	4	7	2
6	8	2	9	4	7	3	5	1
7	3	4	5	1	2	9	8	6
3	5	6	4	8	9	2	1	7
8	4	7	1	2	5	6	3	9
9	2	1	3	7	6	8	4	5

152.

5	7	6	3	4	9	1	8	2
3	2	9	8	5	1	6	7	4
1	4	8	7	6	2	9	3	5
2	9	7	6	3	4	8	5	1
4	5	3	1	8	7	2	6	9
8	6	1	9	2	5	7	4	3
6	8	2	5	1	3	4	9	7
9	3	4	2	7	6	5	1	8
7	1	5	4	9	8	3	2	6

153.

6	8	7	2	9	1	5	3	4
9	3	5	4	7	8	6	2	1
4	2	1	3	5	6	9	8	7
3	9	2	7	1	5	4	6	8
5	4	8	6	3	2	1	7	9
1	7	6	9	8	4	2	5	3
7	5	3	1	2	9	8	4	6
8	6	9	5	4	3	7	1	2
2	1	4	8	6	7	3	9	5

154.

2	9	7	6	4	8	1	5	3
5	1	4	2	7	3	9	8	6
6	8	3	1	9	5	2	4	7
9	2	5	7	6	4	3	1	8
4	7	6	8	3	1	5	2	9
8	3	1	5	2	9	7	6	4
7	5	8	3	1	6	4	9	2
1	4	2	9	8	7	6	3	5
3	6	9	4	5	2	8	7	1

155.

9	7	4	5	6	8	3	2	1
1	2	6	3	9	7	8	5	4
8	3	5	4	2	1	9	6	7
7	5	3	6	8	9	4	1	2
6	9	1	2	3	4	5	7	8
4	8	2	1	7	5	6	9	3
2	4	8	9	1	6	7	3	5
3	6	7	8	5	2	1	4	9
5	1	9	7	4	3	2	8	6

156.

7	9	5	6	4	1	3	8	2
4	6	1	2	8	3	9	5	7
2	3	8	5	9	7	4	1	6
5	7	4	3	6	8	1	2	9
6	8	2	9	1	5	7	4	3
9	1	3	7	2	4	8	6	5
1	2	9	4	7	6	5	3	8
8	5	7	1	3	2	6	9	4
3	4	6	8	5	9	2	7	1

157.

2	3	1	7	6	4	9	8	5
6	4	8	9	2	5	1	3	7
7	5	9	1	3	8	6	2	4
3	1	6	5	9	2	7	4	8
5	7	4	6	8	1	3	9	2
9	8	2	3	4	7	5	1	6
1	2	5	8	7	9	4	6	3
8	6	7	4	1	3	2	5	9
4	9	3	2	5	6	8	7	1

158.

5	4	3	2	8	7	9	6	1
9	6	8	1	5	3	2	7	4
2	7	1	9	6	4	3	8	5
1	8	6	7	3	5	4	9	2
3	2	7	4	9	8	5	1	6
4	9	5	6	2	1	8	3	7
7	3	4	5	1	9	6	2	8
6	5	9	8	7	2	1	4	3
8	1	2	3	4	6	7	5	9

159.

3	2	5	7	4	1	9	8	6
8	6	9	2	3	5	4	1	7
7	1	4	6	9	8	5	3	2
4	9	3	5	1	6	7	2	8
6	8	7	9	2	4	3	5	1
2	5	1	3	8	7	6	9	4
1	7	8	4	5	9	2	6	3
9	3	6	1	7	2	8	4	5
5	4	2	8	6	3	1	7	9

160.

7	5	9	2	8	4	6	1	3
1	6	4	9	7	3	2	8	5
2	3	8	1	5	6	7	9	4
8	9	2	4	1	5	3	6	7
4	1	6	3	9	7	5	2	8
5	7	3	6	2	8	9	4	1
6	4	7	8	3	2	1	5	9
9	2	5	7	4	1	8	3	6
3	8	1	5	6	9	4	7	2

161.

8	1	5	4	7	6	9	2	3
4	9	2	1	3	8	6	7	5
6	3	7	9	5	2	8	1	4
3	6	8	2	1	4	5	9	7
7	4	9	5	6	3	2	8	1
5	2	1	7	8	9	3	4	6
9	5	4	6	2	1	7	3	8
1	7	3	8	9	5	4	6	2
2	8	6	3	4	7	1	5	9

162.

7	3	4	9	1	6	8	2	5
2	5	1	7	8	4	3	6	9
9	6	8	5	2	3	7	4	1
6	8	2	4	3	9	1	5	7
3	7	5	1	6	8	2	9	4
4	1	9	2	5	7	6	8	3
5	2	7	8	9	1	4	3	6
1	9	3	6	4	2	5	7	8
8	4	6	3	7	5	9	1	2

163.

5	2	9	1	7	6	4	8	3
6	7	8	2	3	4	9	1	5
1	3	4	9	8	5	7	2	6
3	5	2	8	4	7	1	6	9
4	6	1	5	9	3	2	7	8
8	9	7	6	2	1	5	3	4
7	8	3	4	5	2	6	9	1
2	1	5	3	6	9	8	4	7
9	4	6	7	1	8	3	5	2

164.

7	6	1	9	5	4	3	8	2
8	3	9	6	2	1	5	4	7
2	4	5	7	8	3	9	6	1
3	9	4	2	6	5	7	1	8
5	8	2	3	1	7	6	9	4
1	7	6	8	4	9	2	3	5
9	5	8	4	3	2	1	7	6
6	1	3	5	7	8	4	2	9
4	2	7	1	9	6	8	5	3

165.

6	1	2	8	5	9	3	7	4
5	9	8	7	3	4	2	1	6
3	4	7	2	1	6	9	8	5
7	3	6	4	9	2	8	5	1
2	8	1	5	6	7	4	3	9
9	5	4	3	8	1	7	6	2
4	2	5	1	7	3	6	9	8
8	7	9	6	4	5	1	2	3
1	6	3	9	2	8	5	4	7

166.

6	8	2	3	5	7	1	9	4
4	1	9	6	2	8	7	5	3
5	3	7	1	9	4	8	6	2
7	5	1	2	4	6	9	3	8
2	4	6	8	3	9	5	1	7
8	9	3	7	1	5	4	2	6
3	6	8	9	7	1	2	4	5
1	2	5	4	8	3	6	7	9
9	7	4	5	6	2	3	8	1

167.

7	6	2	1	5	9	4	3	8
9	3	1	4	8	2	7	6	5
5	8	4	6	3	7	1	2	9
2	5	3	8	1	4	6	9	7
1	9	8	2	7	6	5	4	3
4	7	6	3	9	5	2	8	1
8	4	7	9	6	1	3	5	2
3	2	5	7	4	8	9	1	6
6	1	9	5	2	3	8	7	4

168.

6	2	9	4	5	7	1	3	8
3	1	4	9	8	2	5	6	7
7	5	8	1	6	3	9	2	4
9	4	5	7	3	1	2	8	6
8	7	3	6	2	9	4	5	1
2	6	1	8	4	5	3	7	9
5	8	7	3	1	4	6	9	2
1	3	6	2	9	8	7	4	5
4	9	2	5	7	6	8	1	3

169.

3	5	7	4	8	6	1	9	2
4	9	2	1	5	7	3	6	8
6	8	1	2	9	3	5	4	7
9	7	5	3	4	1	8	2	6
2	4	8	7	6	5	9	1	3
1	6	3	8	2	9	4	7	5
8	3	6	9	7	4	2	5	1
5	2	9	6	1	8	7	3	4
7	1	4	5	3	2	6	8	9

170.

1	2	9	7	3	4	6	5	8
6	8	3	5	1	9	4	2	7
7	4	5	8	6	2	1	9	3
8	7	6	4	2	3	5	1	9
2	3	1	9	8	5	7	6	4
5	9	4	6	7	1	8	3	2
9	1	8	3	5	7	2	4	6
4	6	2	1	9	8	3	7	5
3	5	7	2	4	6	9	8	1

171.

3	7	2	5	9	8	1	6	4
9	5	8	4	1	6	7	2	3
1	6	4	3	7	2	9	8	5
4	9	5	2	6	1	3	7	8
2	1	7	9	8	3	4	5	6
8	3	6	7	4	5	2	1	9
5	2	9	6	3	7	8	4	1
6	8	3	1	2	4	5	9	7
7	4	1	8	5	9	6	3	2

172.

2	6	4	1	9	7	8	3	5
8	3	9	5	6	2	1	4	7
7	5	1	8	3	4	2	6	9
5	7	2	3	1	6	4	9	8
3	1	6	4	8	9	7	5	2
4	9	8	7	2	5	3	1	6
6	8	7	9	4	1	5	2	3
9	4	3	2	5	8	6	7	1
1	2	5	6	7	3	9	8	4

173.

2	7	8	6	1	9	5	4	3
4	3	1	7	2	5	8	6	9
9	5	6	8	4	3	2	1	7
1	9	4	3	8	2	7	5	6
6	2	5	9	7	1	4	3	8
3	8	7	4	5	6	1	9	2
8	4	9	1	3	7	6	2	5
7	6	2	5	9	4	3	8	1
5	1	3	2	6	8	9	7	4

174.

9	3	4	5	2	6	7	1	8
2	6	7	8	1	9	5	4	3
8	1	5	4	7	3	6	9	2
3	9	1	7	6	2	8	5	4
7	5	8	3	9	4	2	6	1
6	4	2	1	5	8	3	7	9
1	7	3	2	4	5	9	8	6
4	8	6	9	3	7	1	2	5
5	2	9	6	8	1	4	3	7

175.

1	5	9	3	4	7	2	6	8
4	6	3	2	5	8	9	7	1
8	2	7	9	1	6	3	5	4
9	1	5	4	2	3	7	8	6
3	8	2	7	6	1	5	4	9
7	4	6	5	8	9	1	3	2
5	9	8	6	7	2	4	1	3
6	3	4	1	9	5	8	2	7
2	7	1	8	3	4	6	9	5

176.

6	8	2	4	1	5	3	7	9
5	9	4	3	2	7	6	8	1
1	7	3	6	8	9	2	4	5
9	1	6	8	7	4	5	3	2
2	4	8	9	5	3	7	1	6
7	3	5	1	6	2	4	9	8
8	2	9	7	3	6	1	5	4
3	6	1	5	4	8	9	2	7
4	5	7	2	9	1	8	6	3

177.

1	8	4	7	2	9	5	6	3
3	7	5	4	1	6	9	2	8
9	6	2	5	3	8	1	7	4
7	4	9	8	6	1	3	5	2
2	3	8	9	5	4	6	1	7
5	1	6	2	7	3	4	8	9
6	5	7	3	9	2	8	4	1
4	2	3	1	8	5	7	9	6
8	9	1	6	4	7	2	3	5

178.

9	3	4	5	8	2	6	7	1
8	5	1	9	6	7	3	4	2
2	6	7	4	1	3	8	5	9
6	1	5	3	9	8	7	2	4
7	4	9	2	5	6	1	3	8
3	8	2	7	4	1	5	9	6
4	9	6	1	3	5	2	8	7
5	7	8	6	2	9	4	1	3
1	2	3	8	7	4	9	6	5

179.

3	2	4	1	6	5	7	8	9
5	1	8	4	9	7	6	2	3
7	9	6	8	2	3	1	4	5
4	7	9	2	1	6	5	3	8
1	8	2	5	3	9	4	6	7
6	5	3	7	4	8	2	9	1
9	4	5	6	8	1	3	7	2
8	6	1	3	7	2	9	5	4
2	3	7	9	5	4	8	1	6

180.

9	7	6	5	4	1	3	8	2
3	1	5	6	8	2	4	7	9
2	8	4	9	3	7	1	5	6
4	3	8	2	7	9	5	6	1
6	5	2	3	1	8	7	9	4
1	9	7	4	6	5	8	2	3
7	2	9	1	5	4	6	3	8
5	4	3	8	9	6	2	1	7
8	6	1	7	2	3	9	4	5

181.

1	8	4	2	9	7	5	3	6
6	7	2	8	5	3	1	9	4
5	9	3	1	4	6	7	8	2
9	6	1	5	3	4	2	7	8
2	4	7	6	8	9	3	5	1
3	5	8	7	1	2	6	4	9
7	1	5	4	2	8	9	6	3
4	2	9	3	6	5	8	1	7
8	3	6	9	7	1	4	2	5

182.

7	6	5	9	1	2	4	3	8
9	8	3	4	5	6	2	1	7
2	4	1	7	8	3	5	9	6
1	5	8	2	9	7	6	4	3
3	9	6	8	4	5	1	7	2
4	7	2	6	3	1	9	8	5
6	3	9	5	7	4	8	2	1
8	2	7	1	6	9	3	5	4
5	1	4	3	2	8	7	6	9

183.

8	1	2	7	6	9	5	4	3
5	4	6	3	1	2	8	7	9
9	3	7	5	8	4	6	1	2
4	8	9	1	2	5	7	3	6
6	7	5	8	4	3	9	2	1
3	2	1	6	9	7	4	5	8
7	9	4	2	3	6	1	8	5
2	6	8	4	5	1	3	9	7
1	5	3	9	7	8	2	6	4

184.

8	7	9	2	3	1	6	5	4
1	6	3	4	5	9	7	2	8
2	5	4	8	7	6	3	9	1
5	3	8	7	2	4	9	1	6
7	2	1	9	6	3	4	8	5
9	4	6	5	1	8	2	7	3
4	1	7	3	9	5	8	6	2
3	9	5	6	8	2	1	4	7
6	8	2	1	4	7	5	3	9

185.

3	5	8	9	1	7	2	6	4
6	1	7	3	2	4	5	8	9
4	9	2	6	8	5	3	1	7
2	6	1	7	4	9	8	5	3
7	4	5	8	3	2	1	9	6
8	3	9	5	6	1	4	7	2
9	7	3	4	5	8	6	2	1
1	8	4	2	9	6	7	3	5
5	2	6	1	7	3	9	4	8

186.

4	6	3	8	9	7	1	5	2
7	5	1	6	3	2	8	9	4
8	2	9	1	4	5	7	6	3
6	3	7	2	5	9	4	8	1
5	1	4	7	6	8	2	3	9
2	9	8	3	1	4	5	7	6
9	4	2	5	7	6	3	1	8
1	7	6	4	8	3	9	2	5
3	8	5	9	2	1	6	4	7

187.

6	7	9	2	5	3	1	8	4
2	1	5	4	7	8	3	6	9
4	8	3	6	9	1	2	7	5
1	5	2	7	4	6	9	3	8
7	6	8	1	3	9	5	4	2
9	3	4	8	2	5	7	1	6
3	4	1	9	6	2	8	5	7
5	9	6	3	8	7	4	2	1
8	2	7	5	1	4	6	9	3

188.

2	6	1	5	9	3	7	4	8
9	8	7	4	2	1	5	3	6
3	5	4	8	7	6	1	2	9
5	7	9	2	1	4	8	6	3
6	4	3	7	5	8	9	1	2
8	1	2	3	6	9	4	5	7
4	9	6	1	3	7	2	8	5
7	2	8	6	4	5	3	9	1
1	3	5	9	8	2	6	7	4

189.

4	9	3	2	6	5	7	1	8
1	8	2	9	3	7	4	6	5
7	5	6	8	4	1	3	2	9
8	6	4	5	9	2	1	7	3
9	1	7	6	8	3	5	4	2
2	3	5	7	1	4	9	8	6
6	7	9	1	5	8	2	3	4
5	4	1	3	2	6	8	9	7
3	2	8	4	7	9	6	5	1

190.

6	3	9	2	1	5	7	8	4
4	8	2	3	7	6	9	5	1
1	7	5	8	9	4	2	6	3
5	9	3	1	2	8	4	7	6
7	2	4	6	5	3	8	1	9
8	1	6	7	4	9	3	2	5
9	5	8	4	6	2	1	3	7
3	4	1	5	8	7	6	9	2
2	6	7	9	3	1	5	4	8

191.

3	4	1	6	7	9	2	5	8
6	5	8	2	4	1	7	3	9
2	9	7	8	5	3	4	6	1
1	6	3	5	9	7	8	4	2
7	8	9	4	6	2	5	1	3
4	2	5	1	3	8	6	9	7
5	1	2	9	8	4	3	7	6
8	3	6	7	1	5	9	2	4
9	7	4	3	2	6	1	8	5

192.

4	6	8	5	3	2	7	1	9
3	2	9	7	6	1	8	4	5
1	5	7	8	9	4	3	6	2
7	3	5	9	4	6	1	2	8
9	4	1	2	5	8	6	7	3
2	8	6	1	7	3	5	9	4
8	9	2	3	1	7	4	5	6
6	7	3	4	2	5	9	8	1
5	1	4	6	8	9	2	3	7

193.

1	8	4	2	9	7	3	5	6
2	7	3	6	1	5	8	4	9
5	9	6	8	4	3	1	7	2
4	3	5	9	6	8	7	2	1
9	6	2	4	7	1	5	8	3
8	1	7	5	3	2	9	6	4
3	4	9	7	8	6	2	1	5
6	5	8	1	2	9	4	3	7
7	2	1	3	5	4	6	9	8

194.

9	8	2	1	3	7	6	5	4
6	1	5	9	4	2	7	8	3
3	4	7	6	5	8	9	2	1
2	5	3	4	8	6	1	9	7
1	9	8	5	7	3	2	4	6
4	7	6	2	9	1	5	3	8
5	6	9	3	1	4	8	7	2
8	3	1	7	2	9	4	6	5
7	2	4	8	6	5	1	3	9

195.

5	9	6	7	4	2	3	8	1
3	2	7	5	8	1	6	9	4
8	1	4	3	6	9	2	5	7
4	5	1	2	3	8	7	6	9
6	8	2	9	7	4	1	3	5
7	3	9	6	1	5	4	2	8
1	6	5	4	9	3	8	7	2
2	7	8	1	5	6	9	4	3
9	4	3	8	2	7	5	1	6

196.

6	8	9	2	7	4	1	5	3
3	7	5	6	9	1	2	4	8
4	1	2	8	3	5	9	7	6
5	4	3	7	2	6	8	9	1
2	6	1	9	4	8	5	3	7
7	9	8	1	5	3	6	2	4
9	5	6	3	8	7	4	1	2
1	2	7	4	6	9	3	8	5
8	3	4	5	1	2	7	6	9

197.

1	6	7	2	4	8	3	9	5
9	3	2	5	6	7	4	1	8
5	8	4	1	9	3	6	7	2
7	2	6	4	8	5	1	3	9
8	5	9	7	3	1	2	4	6
3	4	1	6	2	9	5	8	7
6	7	3	8	1	2	9	5	4
4	9	5	3	7	6	8	2	1
2	1	8	9	5	4	7	6	3

198.

8	5	3	6	7	4	1	9	2
9	7	1	2	5	8	4	6	3
6	2	4	1	3	9	8	5	7
5	4	6	8	9	7	2	3	1
1	3	8	5	6	2	7	4	9
2	9	7	3	4	1	5	8	6
7	1	9	4	8	6	3	2	5
3	8	2	9	1	5	6	7	4
4	6	5	7	2	3	9	1	8

199.

8	1	7	2	3	4	5	6	9
5	2	3	6	8	9	1	7	4
4	9	6	1	7	5	2	8	3
1	4	2	9	6	3	8	5	7
6	7	5	8	4	1	9	3	2
9	3	8	7	5	2	6	4	1
3	8	9	4	2	6	7	1	5
7	5	1	3	9	8	4	2	6
2	6	4	5	1	7	3	9	8

200.

4	9	7	2	6	1	8	3	5
5	1	6	8	4	3	2	9	7
8	2	3	7	9	5	4	1	6
7	5	1	3	8	4	9	6	2
2	4	9	6	1	7	5	8	3
6	3	8	9	5	2	7	4	1
1	6	2	4	7	9	3	5	8
3	8	4	5	2	6	1	7	9
9	7	5	1	3	8	6	2	4

201.

4	1	2	7	8	9	6	5	3
6	5	7	4	3	1	8	9	2
8	9	3	6	2	5	7	4	1
5	8	9	3	1	4	2	6	7
2	3	6	5	7	8	9	1	4
1	7	4	2	9	6	3	8	5
7	6	1	8	4	2	5	3	9
9	2	8	1	5	3	4	7	6
3	4	5	9	6	7	1	2	8

202.

5	1	6	7	9	2	8	3	4
3	9	4	5	6	8	1	2	7
8	7	2	3	1	4	6	5	9
1	3	7	6	8	9	5	4	2
9	2	8	1	4	5	3	7	6
6	4	5	2	7	3	9	8	1
4	6	3	9	5	7	2	1	8
7	5	1	8	2	6	4	9	3
2	8	9	4	3	1	7	6	5

203.

8	7	3	2	1	4	6	9	5
4	1	9	7	6	5	8	3	2
6	2	5	8	3	9	4	1	7
9	6	1	5	8	3	7	2	4
5	3	2	4	7	6	9	8	1
7	4	8	1	9	2	5	6	3
3	9	4	6	5	1	2	7	8
2	8	6	3	4	7	1	5	9
1	5	7	9	2	8	3	4	6

204.

1	2	8	4	7	3	9	5	6
6	5	4	9	2	8	1	3	7
3	9	7	6	5	1	8	2	4
4	3	5	7	9	6	2	8	1
7	8	2	1	3	5	4	6	9
9	1	6	2	8	4	5	7	3
2	6	9	8	1	7	3	4	5
8	7	3	5	4	9	6	1	2
5	4	1	3	6	2	7	9	8

205.

8	7	6	9	1	4	3	2	5
3	1	2	8	7	5	4	9	6
4	5	9	2	3	6	7	1	8
9	6	4	3	5	1	2	8	7
5	2	1	7	6	8	9	4	3
7	3	8	4	9	2	5	6	1
6	9	5	1	2	3	8	7	4
1	4	7	5	8	9	6	3	2
2	8	3	6	4	7	1	5	9

206.

7	5	3	2	4	6	8	9	1
6	9	4	1	7	8	2	5	3
2	1	8	5	9	3	7	6	4
5	7	6	8	1	9	3	4	2
4	3	9	7	5	2	1	8	6
8	2	1	3	6	4	5	7	9
1	4	5	6	2	7	9	3	8
9	8	2	4	3	5	6	1	7
3	6	7	9	8	1	4	2	5

207.

1	8	2	3	4	9	7	6	5
6	5	3	7	2	8	9	4	1
9	4	7	1	6	5	3	8	2
8	7	5	4	9	1	2	3	6
4	1	6	2	7	3	5	9	8
3	2	9	5	8	6	4	1	7
7	9	8	6	5	4	1	2	3
5	3	4	8	1	2	6	7	9
2	6	1	9	3	7	8	5	4

208.

8	6	5	7	2	4	1	3	9
3	4	9	6	1	8	5	2	7
7	1	2	9	5	3	6	4	8
4	7	3	5	6	9	2	8	1
6	9	1	4	8	2	7	5	3
2	5	8	1	3	7	9	6	4
1	2	4	3	7	5	8	9	6
9	8	7	2	4	6	3	1	5
5	3	6	8	9	1	4	7	2

209.

8	5	6	9	1	2	7	4	3
7	4	1	8	5	3	2	9	6
9	2	3	6	4	7	1	8	5
5	7	4	1	6	8	9	3	2
6	9	2	3	7	5	4	1	8
1	3	8	4	2	9	5	6	7
2	1	9	5	3	6	8	7	4
4	6	7	2	8	1	3	5	9
3	8	5	7	9	4	6	2	1

210.

4	1	7	6	5	9	2	3	8
5	3	9	7	8	2	1	4	6
6	2	8	3	4	1	9	7	5
9	7	1	2	6	4	5	8	3
3	4	2	8	1	5	7	6	9
8	5	6	9	3	7	4	1	2
7	8	5	4	9	6	3	2	1
2	9	3	1	7	8	6	5	4
1	6	4	5	2	3	8	9	7

211.

6	5	4	2	3	1	8	9	7
8	9	3	7	5	4	1	6	2
7	1	2	6	8	9	5	3	4
3	6	1	8	9	2	7	4	5
9	4	7	3	1	5	6	2	8
2	8	5	4	7	6	9	1	3
1	7	9	5	4	3	2	8	6
4	2	8	1	6	7	3	5	9
5	3	6	9	2	8	4	7	1

212.

5	8	3	1	7	6	2	9	4
7	2	4	5	8	9	1	3	6
9	6	1	3	4	2	5	7	8
4	9	2	6	5	1	3	8	7
8	3	6	4	2	7	9	1	5
1	7	5	8	9	3	6	4	2
3	5	7	2	1	8	4	6	9
2	1	8	9	6	4	7	5	3
6	4	9	7	3	5	8	2	1

213.

3	1	2	7	6	9	4	5	8
6	7	8	4	5	1	9	3	2
9	5	4	2	3	8	6	7	1
7	4	3	1	8	5	2	9	6
2	9	5	6	4	7	1	8	3
1	8	6	3	9	2	7	4	5
4	6	7	5	1	3	8	2	9
8	3	1	9	2	4	5	6	7
5	2	9	8	7	6	3	1	4

214.

9	8	1	5	3	4	7	6	2
3	2	6	7	9	1	4	8	5
7	4	5	6	8	2	9	3	1
2	9	7	1	4	6	8	5	3
5	1	8	2	7	3	6	4	9
4	6	3	9	5	8	2	1	7
1	3	4	8	2	7	5	9	6
8	5	2	3	6	9	1	7	4
6	7	8	4	1	5	3	2	8

215.

9	6	2	4	8	3	5	1	7
4	7	5	9	2	1	6	8	3
8	3	1	7	5	6	9	2	4
3	2	9	5	7	4	1	6	8
6	5	8	1	3	2	7	4	9
7	1	4	8	6	9	3	5	2
1	8	6	3	4	7	2	9	5
2	4	7	6	9	5	8	3	1
5	9	3	2	1	8	4	7	6

216.

7	5	1	8	2	6	3	9	4
9	4	3	5	7	1	6	8	2
8	6	2	4	3	9	7	1	5
5	9	7	3	6	8	4	2	1
1	3	6	9	4	2	5	7	8
2	8	4	1	5	7	9	6	3
3	1	8	6	9	5	2	4	7
4	2	9	7	1	3	8	5	6
6	7	5	2	8	4	1	3	9

217.

8	6	5	1	4	3	2	7	9
2	4	9	8	5	7	3	6	1
7	1	3	9	6	2	5	4	8
5	3	6	2	7	1	9	8	4
9	7	2	4	8	6	1	3	5
4	8	1	3	9	5	7	2	6
1	9	7	6	2	8	4	5	3
3	2	8	5	1	4	6	9	7
6	5	4	7	3	9	8	1	2

218.

2	5	9	4	7	6	1	3	8
4	8	7	3	1	5	2	6	9
1	6	3	9	8	2	4	5	7
9	1	4	8	5	3	7	2	6
8	7	5	6	2	4	9	1	3
3	2	6	1	9	7	5	8	4
5	3	8	7	4	1	6	9	2
6	4	1	2	3	9	8	7	5
7	9	2	5	6	8	3	4	1

219.

8	9	7	5	4	1	3	2	6
4	3	5	6	8	2	1	9	7
1	2	6	3	7	9	8	4	5
7	4	1	9	5	8	6	3	2
9	8	2	1	3	6	5	7	4
5	6	3	7	2	4	9	8	1
3	7	9	4	1	5	2	6	8
6	5	8	2	9	7	4	1	3
2	1	4	8	6	3	7	5	9

220.

9	1	8	5	7	2	3	4	6
2	7	6	3	4	8	1	9	5
4	3	5	9	6	1	7	2	8
7	5	2	1	3	9	8	6	4
3	9	4	8	2	6	5	1	7
8	6	1	4	5	7	9	3	2
5	2	9	6	8	3	4	7	1
6	8	3	7	1	4	2	5	9
1	4	7	2	9	5	6	8	3

221.

5	3	4	6	8	1	7	2	9
1	9	6	4	2	7	3	8	5
2	8	7	5	3	9	1	4	6
6	7	5	8	9	3	2	1	4
9	1	2	7	5	4	8	6	3
8	4	3	1	6	2	5	9	7
3	2	8	9	4	5	6	7	1
7	5	9	2	1	6	4	3	8
4	6	1	3	7	8	9	5	2

222.

7	5	2	9	1	6	3	8	4
6	8	3	4	2	7	5	9	1
9	4	1	3	8	5	2	7	6
2	1	9	8	4	3	7	6	5
3	7	5	1	6	9	4	2	8
8	6	4	5	7	2	1	3	9
5	2	8	7	9	1	6	4	3
1	9	7	6	3	4	8	5	2
4	3	6	2	5	8	9	1	7

223.

9	8	5	2	3	4	7	6	1
3	2	6	7	9	1	4	8	5
7	4	1	6	8	5	9	3	2
2	9	3	4	1	6	8	5	7
5	1	8	3	7	2	6	4	9
4	6	7	9	5	8	2	1	3
1	3	2	8	4	7	5	9	6
8	7	9	5	6	3	1	2	4
6	5	4	1	2	9	3	7	8

224.

6	4	8	9	3	7	1	2	5
7	5	9	2	1	4	8	6	3
2	3	1	5	8	6	9	7	4
8	7	3	6	9	1	4	5	2
9	1	4	7	5	2	3	8	6
5	6	2	8	4	3	7	9	1
4	9	7	1	2	5	6	3	8
3	2	6	4	7	8	5	1	9
1	8	5	3	6	9	2	4	7

225.

5	3	7	6	2	1	8	4	9
2	6	8	9	7	4	1	3	5
1	9	4	5	3	8	7	6	2
4	8	2	3	5	6	9	7	1
3	5	9	4	1	7	6	2	8
7	1	6	8	9	2	4	5	3
6	2	1	7	8	5	3	9	4
9	7	5	1	4	3	2	8	6
8	4	3	2	6	9	5	1	7

226.

6	4	7	5	9	8	1	2	3
3	5	2	1	6	4	9	8	7
9	1	8	7	3	2	6	4	5
8	9	6	4	2	5	3	7	1
2	3	1	6	8	7	4	5	9
5	7	4	9	1	3	8	6	2
7	2	3	8	4	9	5	1	6
4	6	5	3	7	1	2	9	8
1	8	9	2	5	6	7	3	4

227.

5	8	1	3	4	6	9	2	7
4	3	9	2	1	7	5	8	6
7	2	6	9	8	5	1	4	3
6	1	4	5	9	8	7	3	2
3	5	2	7	6	4	8	1	9
9	7	8	1	3	2	4	6	5
2	9	3	4	7	1	6	5	8
1	6	5	8	2	9	3	7	4
8	4	7	6	5	3	2	9	1

228.

6	8	4	7	5	9	1	3	2
5	2	7	3	1	6	4	8	9
3	9	1	8	2	4	7	5	6
1	3	5	4	6	2	9	7	8
2	7	9	5	8	1	6	4	3
8	4	6	9	3	7	2	1	5
4	5	2	6	7	3	8	9	1
7	1	3	2	9	8	5	6	4
9	6	8	1	4	5	3	2	7

229.

9	4	5	1	3	6	7	2	8
7	8	6	2	9	4	1	5	3
1	2	3	5	8	7	6	9	4
6	3	7	4	1	9	5	8	2
5	9	8	6	2	3	4	7	1
2	1	4	7	5	8	9	3	6
4	5	1	3	7	2	8	6	9
3	6	9	8	4	5	2	1	7
8	7	2	9	6	1	3	4	5

230.

3	8	5	9	1	7	2	6	4
2	7	1	4	6	8	9	3	5
4	9	6	5	2	3	1	8	7
9	3	7	8	5	1	4	2	6
6	1	2	3	7	4	8	5	9
5	4	8	6	9	2	7	1	3
1	2	4	7	3	6	5	9	8
8	6	9	1	4	5	3	7	2
7	5	3	2	8	9	6	4	1

231.

1	8	2	6	9	5	4	7	3
3	9	6	7	4	2	5	1	8
5	4	7	8	3	1	9	2	6
7	6	5	9	8	4	2	3	1
8	3	4	2	1	6	7	5	9
9	2	1	3	5	7	8	6	4
6	5	9	4	7	3	1	8	2
2	1	8	5	6	9	3	4	7
4	7	3	1	2	8	6	9	5

232.

7	6	5	1	9	4	3	2	8
4	1	9	8	2	3	6	7	5
3	2	8	5	6	7	9	1	4
9	4	2	7	3	8	1	5	6
6	5	3	4	1	9	2	8	7
8	7	1	2	5	6	4	9	3
1	8	7	6	4	2	5	3	9
5	3	4	9	8	1	7	6	2
2	9	6	3	7	5	8	4	1

233.

2	9	7	6	5	4	1	3	8
6	4	3	2	8	1	7	5	9
1	8	5	7	3	9	2	4	6
7	3	9	8	6	2	4	1	5
4	1	8	5	9	7	3	6	2
5	2	6	4	1	3	8	9	7
8	5	4	1	7	6	9	2	3
3	6	2	9	4	8	5	7	1
9	7	1	3	2	5	6	8	4

234.

6	3	4	5	7	2	9	8	1
5	1	7	9	4	8	2	3	6
2	8	9	1	6	3	7	5	4
4	9	6	3	5	7	1	2	8
3	7	2	8	1	4	6	9	5
8	5	1	2	9	6	3	4	7
9	6	5	4	2	1	8	7	3
1	4	8	7	3	9	5	6	2
7	2	3	6	8	5	4	1	9

235.

1	6	7	9	3	5	2	8	4
2	9	8	7	6	4	1	3	5
3	4	5	1	8	2	9	6	7
6	1	2	5	7	9	3	4	8
4	5	9	3	2	8	6	7	1
7	8	3	6	4	1	5	9	2
5	7	1	8	9	3	4	2	6
9	2	6	4	1	7	8	5	3
8	3	4	2	5	6	7	1	9

236.

9	1	3	4	2	8	6	5	7
5	4	6	7	1	9	8	3	2
7	8	2	6	3	5	9	4	1
4	7	1	5	9	2	3	6	8
3	6	9	8	7	1	4	2	5
2	5	8	3	6	4	7	1	9
6	9	5	1	4	7	2	8	3
1	2	4	9	8	3	5	7	6
8	3	7	2	5	6	1	9	4

237.

2	6	9	8	5	3	4	7	1
5	3	4	2	1	7	8	9	6
1	7	8	9	4	6	2	5	3
6	4	1	7	9	5	3	2	8
9	8	3	6	2	1	7	4	5
7	5	2	3	8	4	1	6	9
8	1	7	4	6	9	5	3	2
3	9	5	1	7	2	6	8	4
4	2	6	5	3	8	9	1	7

238.

5	6	2	7	8	3	4	1	9
7	3	8	9	4	1	2	5	6
1	4	9	5	6	2	8	7	3
8	1	3	6	5	4	9	2	7
4	5	7	1	2	9	3	6	8
9	2	6	3	7	8	5	4	1
2	9	5	8	1	7	6	3	4
6	8	1	4	3	5	7	9	2
3	7	4	2	9	6	1	8	5

239.

9	2	4	7	1	8	3	6	5
1	5	8	6	9	3	7	4	2
7	3	6	5	2	4	1	8	9
8	7	1	4	5	6	9	2	3
3	4	5	9	8	2	6	1	7
6	9	2	3	7	1	8	5	4
2	8	3	1	4	9	5	7	6
5	1	9	2	6	7	4	3	8
4	6	7	8	3	5	2	9	1

240.

3	9	8	5	7	4	2	6	1
7	1	2	9	8	6	5	4	3
6	5	4	2	1	3	7	8	9
9	8	6	7	5	1	3	2	4
5	3	7	4	6	2	1	9	8
2	4	1	8	3	9	6	7	5
1	6	9	3	2	8	4	5	7
4	7	3	6	9	5	8	1	2
8	2	5	1	4	7	9	3	6

241.

8	3	4	7	6	2	5	1	9
1	2	9	8	5	4	3	6	7
5	6	7	9	3	1	2	4	8
4	1	5	6	7	9	8	3	2
7	8	6	2	1	3	4	9	5
2	9	3	5	4	8	1	7	6
3	5	8	4	9	6	7	2	1
9	4	2	1	8	7	6	5	3
6	7	1	3	2	5	9	8	4

242.

3	6	7	1	9	2	4	5	8
8	1	9	5	3	4	2	7	6
2	5	4	7	6	8	9	3	1
9	7	8	4	1	6	5	2	3
6	4	2	3	7	5	8	1	9
1	3	5	2	8	9	6	4	7
4	8	3	9	5	1	7	6	2
7	2	6	8	4	3	1	9	5
5	9	1	6	2	7	3	8	4

243.

2	6	7	8	4	5	1	3	9
8	4	1	3	9	7	6	2	5
3	9	5	6	1	2	7	8	4
4	2	9	1	7	6	3	5	8
7	5	3	9	2	8	4	6	1
6	1	8	4	5	3	2	9	7
1	7	6	5	3	9	8	4	2
9	3	2	7	8	4	5	1	6
5	8	4	2	6	1	9	7	3

244.

6	4	8	5	7	1	2	9	3
1	2	7	3	9	8	4	5	6
5	3	9	2	4	6	7	8	1
2	6	4	9	8	3	5	1	7
3	9	5	4	1	7	6	2	8
8	7	1	6	5	2	9	3	4
7	5	3	1	2	4	8	6	9
4	1	2	8	6	9	3	7	5
9	8	6	7	3	5	1	4	2

245.

7	6	1	4	2	5	9	8	3
3	4	5	8	1	9	7	2	6
8	2	9	6	3	7	1	5	4
1	7	8	3	5	2	4	6	9
5	9	4	1	6	8	3	7	2
2	3	6	9	7	4	5	1	8
6	1	2	5	4	3	8	9	7
9	5	3	7	8	6	2	4	1
4	8	7	2	9	1	6	3	5

246.

7	5	8	4	9	1	3	6	2
4	9	2	3	6	5	8	7	1
3	1	6	2	8	7	4	9	5
2	7	3	5	1	6	9	4	8
9	6	1	8	7	4	2	5	3
8	4	5	9	3	2	6	1	7
1	8	9	6	5	3	7	2	4
6	2	7	1	4	8	5	3	9
5	3	4	7	2	9	1	8	6

247.

1	2	8	5	6	7	4	3	9
3	7	6	8	4	9	5	1	2
4	5	9	3	2	1	8	6	7
9	8	2	6	3	5	7	4	1
5	4	3	7	1	8	2	9	6
7	6	1	4	9	2	3	5	8
6	9	7	2	5	3	1	8	4
8	1	5	9	7	4	6	2	3
2	3	4	1	8	6	9	7	5

248.

9	1	3	7	8	6	2	5	4
6	2	7	4	1	5	3	8	9
4	8	5	2	9	3	6	7	1
3	7	2	6	4	8	9	1	5
5	4	1	9	3	2	7	6	8
8	9	6	5	7	1	4	2	3
7	5	8	3	6	9	1	4	2
2	3	4	1	5	7	8	9	6
1	6	9	8	2	4	5	3	7

249.

6	4	8	9	5	7	1	2	3
3	5	2	1	8	4	9	6	7
1	7	9	3	6	2	8	4	5
8	9	1	4	3	5	6	7	2
2	3	5	6	7	1	4	8	9
4	6	7	2	9	8	3	5	1
7	2	3	8	4	9	5	1	6
9	1	4	5	2	6	7	3	8
5	8	6	7	1	3	2	9	4

250.

2	5	6	7	3	9	4	1	8
1	7	3	2	8	4	5	6	9
9	8	4	5	1	6	2	7	3
5	6	2	3	9	8	7	4	1
4	9	7	6	5	1	3	8	2
8	3	1	4	7	2	9	5	6
3	1	9	8	4	7	6	2	5
6	4	8	9	2	5	1	3	7
7	2	5	1	6	3	8	9	4

251.

5	9	4	6	2	7	1	3	8
1	8	7	3	4	9	6	2	5
3	6	2	8	1	5	7	9	4
9	7	5	1	8	3	2	4	6
2	3	6	9	5	4	8	1	7
8	4	1	7	6	2	9	5	3
4	1	9	5	7	6	3	8	2
6	2	3	4	9	8	5	7	1
7	5	8	2	3	1	4	6	9

252.

7	5	8	9	3	1	6	2	4
1	2	4	6	5	7	9	8	3
3	9	6	4	8	2	1	7	5
9	7	5	8	6	3	2	4	1
8	4	2	5	1	9	7	3	6
6	3	1	7	2	4	8	5	9
2	6	3	1	4	8	5	9	7
4	1	9	2	7	5	3	6	8
5	8	7	3	9	6	4	1	2

253.

3	7	4	1	2	9	5	6	8
8	1	5	6	4	7	2	9	3
6	9	2	3	8	5	4	1	7
1	5	3	8	7	6	9	2	4
2	8	7	9	1	4	3	5	6
4	6	9	5	3	2	8	7	1
5	4	1	2	6	3	7	8	9
9	3	8	7	5	1	6	4	2
7	2	6	4	9	8	1	3	5

254.

8	9	1	6	4	3	7	5	2
2	7	6	1	5	8	4	9	3
3	5	4	7	2	9	8	1	6
1	3	7	9	6	5	2	4	8
5	6	2	4	8	7	9	3	1
4	8	9	3	1	2	6	7	5
6	4	3	8	7	1	5	2	9
9	2	8	5	3	4	1	6	7
7	1	5	2	9	6	3	8	4

255.

3	9	8	6	1	7	2	5	4
2	5	1	3	4	9	6	7	8
7	6	4	5	8	2	9	1	3
1	7	5	2	3	4	8	6	9
9	8	2	1	5	6	3	4	7
6	4	3	7	9	8	1	2	5
4	3	7	8	6	1	5	9	2
8	2	6	9	7	5	4	3	1
5	1	9	4	2	3	7	8	6

256.

4	8	7	3	5	2	6	1	9
1	9	6	8	7	4	2	3	5
3	5	2	9	1	6	8	7	4
9	7	5	2	6	3	4	8	1
6	1	4	5	8	7	9	2	3
8	2	3	1	4	9	7	5	6
2	6	1	7	9	5	3	4	8
5	3	9	4	2	8	1	6	7
7	4	8	6	3	1	5	9	2